"中国劳模"系列丛书

钢铁车间的蓝领科学家
王 军

秦雨萱◎著

吉林出版集团股份有限公司
全国百佳图书出版单位

图书在版编目（CIP）数据

　　钢铁车间的蓝领科学家：王军 / 秦雨萱著.
长春：吉林出版集团股份有限公司，2024.9.--
（"中国劳模"系列丛书 / 徐强主编）. -- ISBN 978-7
-5731-5453-8

　　Ⅰ . K826.16

　　中国国家版本馆CIP数据核字第2024JC8454号

GANGTIE CHEJIAN DE LANLING KEXUEJIA: WANG JUN

钢铁车间的蓝领科学家：王军

出 版 人	于　强
主　　编	徐　强
著　　者	秦雨萱
组稿统筹	东北师范大学文学院创意写作研究中心
责任编辑	石榆淼
装帧设计	崔成威

出　　版	吉林出版集团股份有限公司
发　　行	吉林出版集团社科图书有限公司
地　　址	吉林省长春市南关区福祉大路5788号　邮编：130118
印　　刷	唐山富达印务有限公司
电　　话	0431-81629711（总编办）
抖 音 号	吉林出版集团社科图书有限公司　37009026326

开　　本	710 mm×1000 mm　1 / 16
印　　张	8.75
字　　数	90 千字
版　　次	2024 年 9 月第 1 版
印　　次	2024 年 9 月第 1 次印刷

书　　号	ISBN 978-7-5731-5453-8
定　　价	55.00 元

如有印装质量问题，请与市场营销中心联系调换。0431-81629729

序　言

　　劳动创造财富，劳动创造幸福，劳动创造未来。习近平总书记在2020年全国劳动模范和先进工作者表彰大会上的讲话中指出："全社会要崇尚劳动、见贤思齐，加大对劳动模范和先进工作者的宣传力度，讲好劳模故事、讲好劳动故事、讲好工匠故事，弘扬劳动最光荣、劳动最崇高、劳动最伟大、劳动最美丽的社会风尚。"当今世界，综合国力的竞争归根到底是科技人才和高素质劳动者的竞争。改革开放以来，我们强大的工人队伍用辛勤劳动和拼搏奉献推动中国制造、中国智造、中国创造走向世界的前列，新时代的中国面貌日新月异。大力弘扬劳模精神、劳动精神、工匠精神，加强高素质技能人才队伍建设，打造一支宏大的知识型、技能型、创新型劳动者队伍是伟大时代赋予我们的历史责任。

　　劳动模范是民族的精英、人民的楷模，是共和国的功臣。自改革开放以来，广大职工勇立改革潮头，独立自主，奋发图强，勇于创新，其中涌现出一批批全国劳模和大国工匠，他们参与建设了代表中国高度、中国速度、中国深度的一系列重大工程，提升了国家实力，打造了"中国名片"，树立了"中国品牌"，增添了"中国力量"，充分释放出工人阶级的创新活力，展示出大国工匠强大的创造能力。他们以工人阶级的满腔热忱在各自平凡的工作岗位上创造了辉煌的业绩，书写了新时代的壮丽篇章。

爱岗敬业、争创一流、艰苦奋斗、勇于创新、淡泊名利、甘于奉献的劳模精神，崇尚劳动、热爱劳动、辛勤劳动、诚实劳动的劳动精神和执着专注、精益求精、一丝不苟、追求卓越的工匠精神，是广大劳动群众在社会生产实践中锤炼形成的弥足珍贵的精神财富，是工人阶级伟大品格的具体体现，是民族精神和时代精神的生动体现。民族复兴需要劳动模范，祖国强盛需要大国工匠，中国制造、中国智造、中国创造更需要大国工匠的强有力支撑。劳模、工匠等的成长故事、先进事迹中承载的劳模精神、劳动精神和工匠精神，是激励全国各族人民团结奋斗、勇往直前的强大精神力量。

"中国劳模"系列丛书，采用图文结合的方式，讲述全国劳模、大国工匠和先进工作者的成长经历及他们追梦、筑梦、圆梦的故事，用他们在平凡岗位上创造不平凡业绩的真实故事感染读者，形成劳动最光荣、劳动最崇高、劳动最伟大、劳动最美丽的社会风尚，引导广大技术工人和青少年形成劳动光荣、技能宝贵、创造伟大的观念。

"匠心筑梦，强国有我。"新时代是一个万象更新、生机勃勃的时代，也是一个继往开来、创新创业和建功立业的大时代。希望广大读者能以劳动模范为榜样，以大国工匠为楷模，立志技能报国、技术强国，踔厉奋发，勇毅前行，锤炼思想品格，汲取劳动智慧，勇于担当、勤于钻研、甘于奉献，为推进新型工业化和乡村振兴，为加快建设制造强国、质量强国、航天强国、交通强国、网络强国、数字中国、农业强国，全面建设社会主义现代化国家贡献青春力量。

中华全国总工会副主席（兼）

中国航天科技集团有限公司第一研究院

211厂14车间高凤林班组组长

2022年11月

扫码解锁

◎群英颂歌 ◎创新足迹
◎钢铁砺新 ◎奋斗底色

传主简介

　　王军，1966年3月生，江苏南通人，中共党员。现任中国宝武钢铁集团宝钢股份机械设备点检技能专家、技能大师、特级技师。1987年毕业后，王军在武钢热扎厂实习8个月，接着回上海接受了近两年的应知应会实训，于1989年正式入职上海宝钢热轧厂，先后取得轧钢精整工艺技师、钳工高级技师职称。第十三届、十四届上海市政协委员（工会界别），上海市科协第十届、十一届常委，上海大学特聘教授，复旦大学校外辅导员，上海市劳模讲师团成员，主持国家级技能大师工作室。在2017年中国申办第46届世界技能大赛的活动中担任形象大使。

　　2001年，获"全国十大杰出青年岗位能手"称号；

2004年，获第七届"全国技术能手"称号；

2006年，获上海市五一劳动奖章；

2007年，获2004—2006年度上海市劳动模范称号；

2008年，获全国总工会授予的全国五一劳动奖章；

2009年，获2008—2009年度上海市突出贡献技师荣誉称号；

2010年，获全国劳动模范称号；

2013年，获国务院政府特殊津贴；

2015年，被评为央企道德模范；

2016年，获第十三届中华技能大奖，被评为首届"上海工匠"……

在创新路上行走的王军共拥有专利授权270项，获国内外发明奖50余项。

王军从业三十余年，始终以推动中国钢铁事业发展为己任。他创新、奋斗、拼搏、笃行，不断挑战行业难题，无数个日日夜夜，用汗水淬炼出钢铁车间里的闪耀"明星"。

目　录

第一章　天真烂漫稚子事

扫码解锁

◉群英颂歌　◉创新足迹
◉钢铁砺新　◉奋斗底色

梦想是一碗白米饭

1966年3月，一声响亮的婴儿啼哭打破了江苏省海安市雅周镇张垛公社立新3队的宁静。当村里接生的老人把手中蓝布包裹着的婴儿递给早已被汗水浸湿了头发、累得筋疲力尽却仍强撑着气力不愿睡下的女人时，她的嘴角终于呈现出幸福的弧度。女人用手指轻轻触碰孩子柔软的脸庞，感受着孩子的温度。这一刻，她终于意识到自己期待已久的孩子真的来到了她的身边。这个孩子，就是王军。

时间过得飞快，不经意间五年过去了，王军从牙牙学语的婴孩到了淘气、顽皮的年龄。

五六岁的小男孩，无处不是玩乐处，哪里有螃蟹可以抓，哪条山沟里有好玩儿的，他们都知道。翻过一座又一座的小山，蹚过一条又一条蜿蜒的溪流，非要把自己弄个筋疲力尽才算不负好时光。五岁的小王军也一样，在外折腾了一天，弄得满头大汗，回到家后，第一件事儿就是不顾身后母亲的嫌弃声，一头钻进厨房。

"今天有啥好吃的？"

20世纪六七十年代，物资尚不充裕，买东西都得凭票，就算在城里都不一定能吃上好东西，何况是在农村，哪里有什么能够称得上"美食"的东西呢？陪伴小王军这群孩子的是日复一日掺着杂粮的山芋汤。"奔波"一天的小王军，一顿饭就能喝五六碗山芋杂粮汤，肚子立马就能鼓起来。可这种饱腹感要不了多久就会化为乌有。

五岁的小王军，最大的梦想就是能吃上一碗香喷喷的大米饭，对他而言，什么奇珍异宝都比不上一碗热乎的大米饭。要知道，谁家要是煮上一锅大米饭，那香味儿能从村东头飘到村西头，若是能天天吃上大米饭，这家势必是"大户"。

王军家里没有这样好的条件，但他有一个疼爱他的外婆。外婆心疼王军，总是会默默地存上几两稻米，等到小王军来家里的时候做给他吃。

外婆跟着王军的舅舅一起住在距离王军家五六里地的地方。小时候的王军，最开心的莫过于去外婆家了。每次知道母亲第二天要带自己去看外婆，小王军当晚保准兴奋得睡不着觉，第二天一大早也不用母亲催他起床，天刚蒙蒙亮就能起床把自己收拾得利利索索，坐在一旁乖乖等待着和母亲一起出门。

从王军家走到舅舅家需要半个多小时，这对于一个孩子来说是不小的运动量。小王军一只手牵着母亲，另一只手拎着给外婆的礼物，走得满头大汗也只咬紧牙，绝不开口喊一声累。

刚刚走到舅舅家门前的那条小路，就能望见外婆远远地站在路口翘首以盼。每到这时，小王军就化身一颗"小炮弹"，奔向外婆的怀抱。被外婆抱在怀里的小王军喜欢将头靠在外婆瘦弱但坚实的肩膀上。外婆的衣服上除了有太阳晒过的温暖，还有他最喜欢的香味，那就是大米饭夹杂着用猪油蒸出来的鸡蛋羹的味道。这是外婆专门给小王军准备的"大餐"。那个年代的农村人家，鸡蛋和大米都是稀罕物，一般只有逢年过节才能够吃上，但只要小王军来，外婆肯定会为他准备一顿"大餐"。

因此，在王军的童年里，总有米饭和鸡蛋的香气，伴随着外婆慈爱的"吃慢点、慢点"的唠叨。

每到此时，小王军也总会说些俏皮话逗外婆开心。

"外婆，等我长大了给您买好多好多的鸡蛋吃。"

"好，外婆就等着小军出人头地带外婆过好日子。"

小时候的王军只知道外婆家总有自己爱吃的东西。即使后来两个妹妹出生，家里的孩子多了，王军还是能像从前那样得到外婆的偏爱。直到长大后，王军才知道，那是外婆一口一口为自己省下来的口粮。对于那个年代的孩子来说，一碗大米饭弥足珍贵，因而他心中常怀感恩。

那时候的小王军虽然还不知道什么是苦，但早已在心里暗自发誓，长大后一定要努力工作，成为了不起的人，给家人好的生活。

不怕冷的父亲

没有电视和互联网，追星好像也不属于那个年代的孩子。但王军从小就有一个偶像，那就是他的父亲。王军的父亲是一名军人。在当时，大多数人都只读了个小学，有的连小学都没有毕业，有的甚至只能认识简单的几个字，而王军的父亲却读到了初中。初中在当时已经算是高学历了。毕业后，王军的父亲就进入了部队，从事测绘工作。复员后，他被分配到上海海关。

王军的父亲在部队服役了7年，多年军旅生活让他身上充满了厚重的故事感。因多年与父亲相隔两地，极少和父亲见面的王军在和父亲相聚时更喜欢坐在父亲腿上听他讲故事。除了工作中的趣事，王军的父亲最爱讲的就是他在部队时与战友们结下的深情厚谊。在父亲的叙述里，王军仿佛能透过父亲沙哑的声音看到意气风发的父亲和他的战友们一起蹚泥水、越障碍、攀高峰的画面。父亲对王军的影响非常深远。

南方的冬天并不宜人，零下五六摄氏度还飘着雪花的江苏冷得让人难以招架。王军记得，有一年冬天格外冷，他早早地就让母亲替自己找出了厚实的棉衣，做好了与寒冬对抗的准备。可当他站在窗口回头一看，却发现母亲正收拾着父亲的衣服。

母亲告诉王军，父亲来信说要把他冬天的棉衣都捐了。这件事在王军幼小的心中埋下了一颗疑惑的种子，直到后来再次见到父亲，小王军仰着小脑袋提出心中的疑问："爸爸，那么冷的天，您不穿棉衣吗？妈妈说不好好穿衣服是会生病的。"王军小大人似的语气逗笑了父亲，但父亲也只是掖了掖王军身上翘起的衣角告诉他："爸爸不怕冷。有人比爸爸更需要那些衣服。"

"哦！我知道了，因为爸爸是男子汉，所以才什么都不怕。"

王军长大后自然知道父亲是怕冷的，可那些衣服去了何处呢？直到后来，王军独自去往上海求学，才在父亲曾经的战友王荣贵叔叔那儿得知了当年的真相。那年汪叔叔的家乡遭了洪水，父亲把所有的棉衣都捐给了那些因洪水受灾的群众。

曾经的小王军喜欢在一个个寒冬腊月里，骄傲地对小伙伴们说："我的爸爸不怕冷！"多年后他才明白，父亲不是不怕冷，而是把温暖留给了更需要的人。

"以后会有的"

尽管王军的父亲在上海海关工作，但他为人严谨，恪守军人的纪律，从不动用自己的职权搞特殊。有人劝过王军父亲把家人接到上海一起生活，好让孩子们有更好的条件。但王军的父亲没有这样做，通常他只在过年期间才回家探亲，抑或直接把母子几人接来上海小住几天。一来他认为自己不能因工作关系谋私利，二来他把家人留在农村，是因为他把农村当作了根，认为自己迟早要回到农村去。

王军的父亲生于农村，长于农村，从家乡走出去后，他从未放弃过回报乡村的想法。在政策的召唤下，在小王军8岁这一年，他毅然决然放弃了在上海海关的工作，向组织提出了申请，成为上海知识青年上山下乡的带队干部。王军一家也就跟着父亲一起搬到了上海海丰农场。海丰农场建于1973年3月，原是上海市劳改局所属上海农场的一部分。因长期受海水浸渍，盐碱地土壤的盐分含量高，高盐量抑制农作物的生长，正因如此，才需要大批的知识青年来此改造环境。

虽然农村的生活并不便利，但可以保持与自然更亲密的联系，从小生活在老家的王军早已习惯家乡一到傍晚草丛里蛐蛐清亮的吟唱声，习惯了一抬头就能看见蔚蓝的天空。

除了吃烦了的山芋以及多年与父亲分隔两地，王军几乎找不出在家乡的缺点。得知要和父亲搬到一个农场，搬到一个完全陌生的地方，8岁的王军难免会对未知的生活感到不安，但想到能和父亲团聚，他又对新生活充满了期待。

等到王军来到父亲的新工作地，看到眼前的一切，他傻眼了。这里的人住的都是茅草屋，空荡荡的屋内只有几缕日光躲过屋顶稻草的阻挡，稀疏地落在角落里，这里完全比不上父亲在上海的宿舍，甚至比不上自己生活多年的农村老家。

虽然这里的条件和自己想象中的大相径庭，但小王军很快就适应了这里的一切，他知道在这里终于能够一家人团聚了。躺在新房子的床上，可以从房顶上的缝隙看到外面的星空；可以听着父亲和母亲在油灯下的低声私语，这里的生活对小王军来说是温情而新鲜的。

尽管在海丰农场没有威风凛凛的机关大楼，只有一间只能遮风挡雨的茅草屋；没有平坦开阔的沥青大马路，只有许多条由人们踩出来的泥泞小道；没有打扮光鲜亮丽行色匆匆的都市人，只有粗糙但淳朴热心的知识青年。在这里，小王军可以跟着父亲一起去盐碱地勘测土质，听大家讨论用什么方法中和土壤中的盐碱成分，看乡亲们挑选着适合种植的种子，他们每一个人都忙而不乱。

王军始终记得，他初到海丰农场，看见满眼荒芜的盐碱地时，父亲曾对他说过的话："现在没有的东西，以后会有的。"

"好的条件要靠每一辈人艰苦奋斗去创造。"

正如父亲所说的，在王军父亲这些知青和乡亲们的不懈努力下，海丰农场也逐渐有了能通卡车的大马路，路边也慢慢竖立起了一座座用水泥与汗水建造的房屋。农场原本是一片白茫茫的盐碱地，后来专家组织乡亲们对土壤进行改良，再通过雨水冲刷，土壤中盐碱的含量有所下降，接着在土地上做了很多绿化，又用拖拉机反复翻地。刚开始时，成效并不明显，乡亲们难免有些失望。但按照这样的方法连着运作了几次，原本贫瘠的土地变得越来越肥沃，后来竟然也能种出品质不错的水稻了。现在市场上热销的海丰大米，就出自这个农场。正是王军父亲这一代人的劳动与创造，才改变了原本贫瘠的海丰农场。小王军站在高处眺望着，看着丰收时每个人脸上洋溢的笑容，渐渐明白了劳动的意义。

 第二章　柳暗花明殊途同

扫码解锁

⦿群英颂歌 ⦿创新足迹
⦿钢铁砺新 ⦿奋斗底色

"疯狂"的学习"机"

　　1974年，搬入海丰农场后，8岁的小王军正式升入小学一年级。为了给孩子们提供上学的地方，农场开设了一所简易学校，条件有限，只腾出一间房子作为学校，王军就在这所仅有一间屋子的海丰小学里开始了他的新学期。虽说学校就在海丰农场，但从王军家到学校还有一段不近的距离，走路到学校需要一个小时。孩子还小，路途又远，有段时间，父亲便骑车送小王军上学。但一到冬天，寒风吹在脸上像刀割一般，自行车根本无法前行，只能推着走。

　　王军的父亲吃力地把着自行车把，呼出的白气模糊了他鬓边的白发，可通红的脸颊却让眼角的皱纹更加深刻。小王军虽年纪不大，但很会心疼人，看着父亲艰难地推着车，一股酸涩涌上他的心头。

　　那天从自行车上下来，小王军看着父亲离开的背影，原本上课从不开小差的他一整天都有些心不在焉，听老师讲课时脑海里总是浮现出父亲满是风霜的身影。放学回到家后，懂事的小王军郑重其事地对父亲说："从明儿开始我自己去上学吧，我已经长大了。"

上学路上的艰辛并不能磨损掉王军对学习的热爱。海丰小学的教学条件有限，只有一位老师，一开始学校只有十几个学生，大多是农场带队干部的孩子。大家都在一间教室里上课。为了能够照顾到大部分孩子的学习情况，学校虽然设立了不同的年级，但这一位老师要兼顾几个年级的教学。在这样的教学环境下，学习全靠自觉。

王军从小就学习成绩优异，突然来到新环境也能很快适应新的教学方式。傍晚的海丰农场，金色的夕阳照映着一个个圆圆的脸庞，余晖落在这片滩涂上，农场里的每一个角落都回荡着孩子们的笑声。一天，和小伙伴们玩耍后回来的王军刚一踏进家门，就看见素日里总是在盐碱地里忙碌的父亲竟和母亲一起坐在屋子里等他回家。母亲看见他后招手示意他过来，待他走上前后，母亲告诉他："老师说你不用读四年级了。"王军的心魂霎时间被这个消息撕扯得七零八落，母亲的话音还未落，他已经着急得快要哭出来了，连忙拉着母亲的手问自己犯了什么错，为什么不让他读书了。

看着马上要哭出来的王军，父母赶忙解释。原来，老师认为以王军的成绩，完全可以不读四年级，直接进入五年级学习。王军上三年级后，海丰小学的教学条件有了很大改善，每个年级都有了正规的教室和老师，王军学习起来也就更加得心应手了。

跳级意味着自己可以早一点接触更多的知识，这对本来就能够轻松应对三年级学习任务的王军来说是个不小的诱惑，但直接越过四年级，会不会对今后的学习有啥影响呢？王军一时有些犹豫不决。

终于，在父母的鼓励下，他做了一个大胆的决定："跳！"

不过跳级带来的弊端很快就显现出来。

一天清早，王军从床上爬起来，揉着惺忪的睡眼来到水缸边打水洗脸，冰凉的水让他一下子就从迷糊中清醒过来。接着他走到油灯旁，从书包里掏出了一本书，循着昨天晚上睡前做好的记号翻开，放在膝盖上低头看了起来，一边看，一边用手在一旁比画着，嘴里也跟着念叨："p-e-n-c-i-l——pencil，铅笔。"

这是在王军进入五年级后他们家经常出现的画面，从未在学习上打过败仗的王军现在居然有些吃力了，尤其是英语成绩拖了他的后腿。当时，学校的安排是四年级才开始教授学生英语课程，王军恰好错过了打基础的一年。当初老师也提醒过王军，要他做好心理准备，想要跟上英语学习的进度，对他而言是个不小的考验。但当时已经决定跳级的王军却想，再大的困难，他都会克服。

进入五年级后，果然如老师担心的那样，在其他同学背英语单词、翻译英语句子时，王军还在跟26个英文字母做斗争。面对自己的短板，王军一开始有些挫败，一年的差距让他感觉自己好像怎么追也追不上别人，可很快他便振作了起来。

学海无涯勤是岸，云程有路志为梯。有志者事竟成，王军发誓一定要把英语赶上来。不服输的王军把提高英语成绩当作这段时间的主要任务，为了赶上进度，无论是吃饭、睡前，还是上下学的路上，王军总是在嘴里叽里咕噜地念叨着。经过一段时间的努力，他的英语成绩果然有了提升，虽然离优秀还有些距离，但至少能在课上跟上老师的节奏了。后来，王军的英语成绩慢慢追上了其他人。面对王军"疯狂"的学习劲头，班上这群普遍大他一两岁的同学也不由得甘拜下风。王军深刻地认识到，人一旦对某件事下定了决心，并一直朝着这个方向努力，那么胜利的果实就会在不远的地方等着他。

小学毕业后的王军带着对学习的这股不服输的劲儿，进入了海丰中学的优秀班。优秀班可以说是群英荟萃，这让原本在学习上一直傲视群雄的王军一下子又多了许多竞争对手。但是在不服输的劲头的驱动下，王军学习起来更是朝乾夕惕，一直保持着班里前几名的成绩。

小小少年挑大梁

时光悄悄地从指缝中溜走了，转眼间，家里的三个孩子在追逐打闹中慢慢长大，家里的开销也越来越大。到了海丰农场后，王军父亲的工资不如在上海海关时高，尽管加上王军母亲在粮油

⊙ 1980年，王军（二排左一）与同学合影留念

站工作的工资，二人的收入也还是难以支撑起一家五口的花销，尤其是王军的两个妹妹到了上学的年纪，一家人更是只能勉强度日了。于是，王军的父亲便打算在家里养些兔子拿出去卖，用来改善家里的生活。

王军得知父亲的打算后，主动提出要替父亲分担工作。一开始，家里人都不同意，认为他现在的主要任务是好好学习，备战中考。但从小就懂事的王军无法无视父母的辛苦，他拍着胸脯保证，自己一定不会耽误学习。

就这样，年纪轻轻的王军身上多了一个王家兔场"副场长"的身份，他专门负责兔子的伙食。

要有兔场得先有兔，刚开始时，王军放学后便跟着父亲到附近转悠，看看哪家有品种较好的兔子。那时候日本大耳朵兔、德国长毛兔等都是市面上比较受欢迎的品种。父子二人如果找到哪家有纯种兔子，就和对方商量借来做"种兔"。王军的父亲厚道，在农场的口碑也好，很容易就借来了兔子繁殖，兔场就这样慢慢有了起色。养兔子可是个精细活儿，兔子爱吃草，但又容易生病，于是，王军放学后就要到处去割些如黑麦草、番薯藤之类的野菜来喂兔子。家人看他干得有模有样，也就让王军继续当兔场的饲养员了。

王军看着自己亲手喂大喂肥的兔子最后能够卖出好价钱，满足极了，此时的他觉得日子越来越有盼头，甚至想到要是自己以后能开一家农场也不错。

可一张诊断书的出现却打破了这个家原有的平静和安宁。

1976 年，王军的父亲被查出患上了鼻咽癌。谁也没想到一个小小的鼻炎会恶化到这个地步。海丰农场的医疗条件有限，要想治病就得去上海。但家里的大人都离开了，王军和两个妹妹又由谁照顾呢？这个时候，王军作为家里的大哥，再一次站了出来。他安慰母亲放心陪着父亲去上海治病，并向母亲保证自己可以照顾好妹妹们。

治病要花不少钱，父亲病后，家里的日子更紧了。一开始，王军的姨妈知道妹妹家的情况后，主动来照顾兄妹三人。后来，王军和妹妹们大一点儿了就开始自己照顾自己了。王军这时刚上初二，两个妹妹也都是长身体的年纪。那个时候，饥饿好像总是伴随着三兄妹。在很长一段时间里，王军除了上课、养兔子，其余时间都在想，怎么才能让妹妹们吃点儿好的，补充些营养。他听别人说鱼汤的营养价值高，炖一条鱼全家人都能吃，便到家附近的河边转悠，看见有鱼就抓一两条回家。但有时候运气不好，便只能空手而归。经过一段时间的细心观察，王军发现只要是下大雨就能很轻松地抓到鱼。因为雨水会让河流的水位上升，溢出的水漫过河堤，从排水沟里涌出来，成群结队的鱼就会顺着水流的方向一起游过来，这时候去排水沟边等着，随手一抓就能收获一大桶鱼。王军就靠着抓鱼给自己和两个妹妹改善伙食。后来，除了抓鱼，王军还学会了抓小龙虾，偶尔抓到多的鱼和小龙虾，他就拿一部分出来分给左邻右舍，留下的就自己简单烹制后和妹妹们一起开个荤，品质好的则拿出去换钱。就这样，王军硬是在父母不在身边的情况下撑起了这个家。

王军的青春期里没有叛逆，十几岁的少年代替生病的父亲撑起了整个家，那时他最大的愿望就是父亲的病赶紧好起来。可人生的遗憾总是来得猝不及防，王军的父亲在上海前前后后接受了近五年的治疗。风清日朗的一天，王军兄妹三人终于在海丰农场的家中等到了父亲的回归，可令他们没想到的是，不久之后，他们心中顶天立地的父亲就在农场医院永远地和他们说了再见。这一年，王军才15岁。也许正是因为这段生活经历对王军的磨炼，在他的灵魂中刻下了坚毅的印痕，让他有了无论遇到多大的困难也能从容应对的勇气。

峰回路转上技校

1985年7月9日下午，十数年的寒窗苦读，在三天的奋笔疾书后落下了帷幕。一大批学子带着或自信或沮丧的情绪走出校门，王军也在这一天完成了他人生中一场重要的考试。

王军的成绩一直都很优异，但初中时由于教育环境的封闭，没有专业的英语老师教授英语，导致他英语成绩有些落后，加之父亲的去世，他为了支撑起家庭整日忙于"副业"，这一切都影响了王军的发挥。当拿到成绩的那一刻，骄傲的少年还是败给了现实，他无奈地与梦寐以求的大学失之交臂。

遗憾当然是有的，但王军也明白，每年高考录取率只有6%至7%，能顺利考上大学的是少数人，当下和未来何去何从才是自己应该考虑的事。

成绩出来后，老师和家人都在等王军做一个决定：要不要复读？

以王军的成绩，再读一年能够考上大学的机会很大。可是王军也清楚家里的条件不好，还有两个妹妹也在读书，此时家里根本无力负担自己的学费。可如果就此放弃，他和家人都难以接受。

这时候，王军的班主任给他带来了一个新的选择，那就是去当时的上海宝山钢铁总厂[1]主办的技校（下文简称宝钢技校）读书。宝钢是改革开放初期建设的第一个特大型钢铁企业，宝钢技校则是伴随着宝钢的建设、发展而建立和壮大起来的，是为宝钢输送高级技能人才的技术学校。王军的班主任听说学校要招生之后，觉得这是个好机会，立马找到王军，建议他去技校学技术，这样将来去哪儿都不愁找工作。

钢铁工业是国民经济与国防建设的重要基础。王军受父亲的影响，对保家卫国有着深深的使命感，因此，在得知有机会去宝

---

[1]　1977年12月成立；1993年7月更名为"宝山钢铁（集团）公司"；1998年11月，与上钢、梅钢合并，成立上海宝钢集团；2002年3月，成立宝山钢铁股份有限公司；2016年，宝钢与武钢联合重组，组建中国宝武。文中涉及了企业不同时期的称呼，为避免歧义，统称宝钢。

钢技校时，他也为之心动。但去宝钢技校读书，先不谈学费，每个月的生活费就足以让王军心生退意。

在班主任的心里，王军是个读书的好苗子，就算不能进入大学，也不能放弃学习的机会。没过多久，这位热心肠的老师又来到王军的家中告诉他："进了宝钢技校你可以继续读书，以后工作的事也不用自己操心了。至于生活费，你也不要担心，每个月学校还发17块钱的生活补贴呢。"这样一来，没有了生活费的困扰，王军也就没有了后顾之忧。

怀着对钢铁事业的向往，又基于现实情况的考量，王军最终还是在这一人生的分岔路口做出了选择。

1985年，高中毕业的王军背上行囊来到了宝钢技校，投身于火热的钢铁建设中。

 第三章　日渐月染意志定

扫码解锁

◎群英颂歌 ◎创新足迹
◎钢铁砺新 ◎奋斗底色

八级钳工的预言

人生的际遇是神奇的，也许你无法确定当下的选择是否正确，但只要你勇往直前地出发，时间总会交给你一份满意的答卷。不管身处何地，王军总是要求自己把追求完美的标准贯彻到底。1985年，正式来到宝钢技校的王军，像从前在海丰农场一样，继续在这里发挥着不怕吃苦的精神。说起王军，他的同学最佩服他的一点就是，这个人对自己狠得下心。

宝钢技校总是不缺身上带着一股"狠劲儿"的人，但王军在学习上的态度仍然能让周围的同学和老师叹服。刚进入学校，王军接触了一个对他而言完全陌生的工种：钳工。钳工主要从事加工零件、设备维修、制造的手工作业，因常在钳工台上用虎钳夹持工件操作而得名。来到技校后，王军就被分到8511钳工班。技校的学习分为两个部分：一个月里有两周是理论学习，另外两周安排技能实训。理论学习包括基础知识，如机械制图、热处理工艺、钢铁冶炼、轧钢工艺、轧钢设备等；手工技能实训包括通过锉刀、刮刀、钻孔和碾磨等钳工技艺进行镶嵌加工、机械装配等训练。

当时，他们一个班有四十几个人，分到两个工厂学习。进入宝钢技校之前，大家都未接触过相关的技术工作，因此一切都要从零开始，一开始大家学得都有些吃力。

但在这里，王军遇到了一位对自己影响极大的老师——沈老师。沈老师是给王军上实践课的老师，他平时带着学生练习使用锉刀、刮刀等。当时，沈老师带大家做得比较多的是镶嵌，比如要做五角形，先要在一个铁块儿上钻孔，钻完孔以后再用手工锉把孔锉成五角形。做完这个五角形的孔，还要再用锉刀做一个五角形出来，把它嵌进去，间隙必须很小，才算过关。

王军很崇拜这位实践课老师。沈老师的手艺极其高超，锉刀在学生们的手里总是"桀骜不驯"的，学生们用它做出的零件总是奇形怪状的，但到了沈老师手里，小小的锉刀立马就像被驯化了一般，用它做出来的零件十分精美。第一次实训课上，王军看着沈老师用一双手、两把刀快速地完成了一个零件的雕琢，自此以后，沈老师便成了王军的标杆。怎样才能有沈老师那样的技巧呢？一次课后，王军想请教沈老师平时有没有什么特别的训练方法。王军平时在班里学习认真，就连素日里对学生最严厉的沈老师对他也是赞赏有加，看到自己本就满意的学生以自己为标杆，沈老师有些得意，又为王军的学习态度感到欣慰。但自己哪有什么技巧，在课堂上他把所学全都倾囊相授了，他只告诉王军："只有多练，手中的工具才会和你融为一体。"

于是，接下来的时间里，王军只要一有时间就做手工训练。起初，王军的压力非常大，划线、錾、锉、锯、钻孔、绞孔、攻螺纹、套螺纹等都是作为一个钳工必备的技能，这一切对王军而言都是那么陌生。面对完全陌生的领域，王军没有选择逃避，为了精进自己的技术，怀揣着对沈老师的崇拜，他付出了超出一般人的努力。技校是六天学习制，每周日休息。当其他同学结束繁忙充实的一周的学习准备好好放松放松时，王军却在周日出现在空无一人的实训车间里做手工训练。

"王军，你在这干吗呢？"临时有事来车间的班长看着王军在这里有些摸不着头脑，这个时间大家都在休息，他怎么会来这儿呢？

王军有些不好意思地挠了挠头，说："我今天没别的事干，就想着干脆来复习前几天学的内容。"班长看着桌上做到一半的部件，顿时恍然大悟。看到王军在休息时间还来练习，他一时间感慨万分。在他们这个年纪，浮躁、贪玩都是很正常的，王军却能沉下心来刻苦钻研。和同龄人相比，班长自认为还算沉稳，但扪心自问，牺牲休息时间来练习，换作他可做不到。

于是，班长从兜里掏出了车间的钥匙递给王军，告诉他说："有了钥匙，以后你可以随时来车间。"

就这样，有了车间钥匙的王军，学习时间更加自由了。除了周日，就连晚上放学后他也经常独自来到车间里反复练习基本功。在其他人眼里，王军是个不知疲倦的"学习狂"，但在王军看来，休息日不是非得用来休息的，对有的人来说，辛苦一周可以在周末放松，而在车间里反复训练提高自己的技术，则是王军赋予休息日的价值。

其他学生对自己的要求是，能在沈老师那里过关就行，可王军却要求自己做得和沈老师一样好，甚至更加完美。在这样的追求下，王军果然比一般的同学做得更好，他仅用三个月时间就得到了沈老师的认可。

通过不断的训练，王军已经能够熟练地掌握钳工的各项技能，他做出来的手工品都可以说是精品。在技校的两年，王军的生活很充实，他收获颇丰，单说锉刀的使用，一个20mm×20mm的平面，他可以做到不透光，他的镶嵌手艺在同班同学中也是一骑绝尘。其他学生做好的成品都是自己带回家，但王军的作品经常被沈老师带回家当作工艺品收藏起来。尽管王军对自己的高标准、高要求，从不是为了获得他人认可，但来自老师的欣赏却给了他莫大的鼓励。沈老师平时虽然为人严厉，但从不吝啬对王军的赞赏，他总是摩挲着王军在课上做的成品，满脸骄傲地对同学们说："你们看看王军做的东西多漂亮。"

当时宝钢技校的学制是两年制。在这两年里，学生不仅要学技术，也要学理论，两类课交叉着学习。因为对自己的高要求，再加上老师的认可，王军在这两年里也一直保持着一有闲暇时间就练习手上功夫的习惯，他的钳工技能自然也越发炉火纯青。忙碌的时光总是稍纵即逝，很快就到了王军毕业的日子，学校要求每个毕业生都要完成一个毕业作品。王军打算做个不一样的台虎钳。台虎钳又称虎钳，由钳体、底座、倒螺母、丝杠、钳口体等组成，是用来夹持工件的通用夹具，装置在工作台上，是钳工车间的必备工具，也是钳工名称的来源。王军把毕业作品看作自己两年学习成果的结晶，是自己两年时间里努力的一种见证。因此，在台虎钳制作的过程中，他将在技校学到的知识全部贯注其中，用高度的创造力和专注力完成了自己的毕业作品。活动钳身与固定钳身相配合，丝杠装在活动钳身上，与安装在固定钳身内的丝杠螺母相配合。一个个细小的零件，慢慢地在王军手下组装成型，再用三角刮刀给钳身刮出一个月牙形，最后成品就出来了。这个台虎钳做得相当漂亮，当王军的作品被摆到讲台上时，教室里其他同学的作品顿时黯然失色，王军的台虎钳完美得就像摆在玻璃柜里的展览品。

沈老师因自己有王军这样一名优秀的学生而感到自豪，王军也对这位在学习上帮助自己的老师充满了孺慕之情。

因为沈老师，王军对自己有了更高的要求，也因为沈老师的一番话，王军对未来充满了希望。一次课上，沈老师曾预言，如果王军以后做模具工，肯定能成为八级钳工。那时刚进入宝钢技校的王军只知道要认真学习，对自己的未来并没有太多的规划和打算。在当时，八级钳工可是国家重视的高技能人才，一个月能拿到120元的工资，比王军父亲在上海时的工资还要多出一倍！沈老师的这番话，在王军心中亮起了一盏明灯，成为八级钳工也就成了王军参加工作之后的第一个梦想。

剪刀班，初成长

"所有的悲伤，总会留下一丝欢乐的线索；所有的遗憾，总会留下一处完美的角落。"或许每个人都有不如意的时候，但只要保持良好的心态，我们就会发现，无论在哪儿，总有实现自己价值的机会。

1987年，21岁的王军从宝钢技校钳工班毕业后，被分配到了宝钢正在建设中的热轧厂。正式上岗前要经过岗前培训，于是王军就和新入厂的员工一起被安排到了武钢热轧厂[1]实习。即将踏上工作岗位，王军有些兴奋，他觉得自己一身本领终于有可以发挥作用的地方了。对未来充满憧憬的王军早早就买好了票，国庆一结束就和同事们一起坐了三天两夜的轮船，来到了武汉。

王军在宝钢技校读的是钳工班，他也曾梦想能成为一名优秀的钳工。但分配岗位时，王军受到一个不小的打击，他被分配到2050热轧精整线剪刀装配班，主要负责把零件按机械设备的装配技术要求进行组合，并经过调整、检验和试车等工序，使之成为合格的机械设备。

---

[1]　由于历史沿革，无法确定当时的名称。

　　这种情况让许多人没有想到，王军在学校时最擅长的就是手工加工各种高精度的零件，比起剪刀装配的工作，零件切削类操作的岗位才更加适合王军，他可是被严格的沈老师都看好的好苗子，可现在却被分到一个辅助岗位上。刚得知这个消息时，大家都替王军感到不值，在很多人看来，剪刀组装的工作劳动强度大，技术含量低，做不出成绩。

　　王军也曾为此有过短暂的失落，但乐观的他很快便调整好了心态，暗自下定决心：即使自己无法成为八级钳工，也要做一名优秀的剪刀装配工。他相信，无论在哪个岗位，自己都能干出一番成绩来。

　　心态转变过来后，王军迅速进入了工作状态。所谓"干一行，爱一行"，刚进厂，他们的主要任务就是跟着师傅学习和了解岗位职责以及掌握操作技能。王军不仅自己学得认真，还带动着身边人一起努力。进厂时，王军就被选为班长，他和他的组员学得比其他班都认真，无论是理论知识还是实践技能，王军总是听得最认真，练得最积极。到武钢热轧厂后，王军依然保持着记笔记的习惯，他整理好内容后就和同组的组员一起温习、讨论。一个月后，到了考应知应会的日子，王军所在的小组竟然全部拿了优秀，并且短短的一个月，他们就已经能够胜任岗位工作了，这可让当时带他们的师傅省了不少工夫。于是，当王军所在班组上夜班时，就会出现这样的画面：几个小伙子信心满满地对面前的老师傅说："您不用管我们，我们已经可以顶岗干活儿了。"

　　都说独在异乡为异客，但从上海来到武汉的王军却并没有太多的时间感受孤独。剪刀装配这个岗位，通常都是由经验丰富的老师傅手把手带着新人走上正轨的，尽管王军在学校时成绩优异，但正式进入工作岗位之后，他才深深地感受到书本知识与实际操作之间的差距，书本上的知识通常只考查一个问题，可在实际工作中遇到的问题都是复合型的，需要综合性考量解决办法。好在初出茅庐的王军遇到了一位好师傅。他的师傅叫王健，只比王军大几岁，但他已经与设备打了好几年交道。师傅王健对王军的关心无微不至，总是说他俩都姓王，又这么巧能结为师徒，就是一家人了。王军在工作上有什么不懂的，师傅王健都会耐心地解释。有了师傅的带领，本就好学的王军很快就掌握了岗位技能。

　　除了工作上的关心，师傅对王军的生活也非常关照，他经常嘱咐王军，剪刀装配这个岗位，工作到半夜都是常见的。师傅担心王军不爱惜自己的身体，常常在王军上夜班之前提醒他记得去食堂吃夜宵。

　　最让王军感动的一件事发生在他来到武钢热轧厂后的第一个春节。当时恰逢武汉下雪，由于道路情况恶劣，又是过年，王军和同事下班后连公交车都没有了，他们只能走回去。此时，王军已经对好好过个除夕夜不抱希望了，但师傅王健担心王军吃不上热乎的年夜饭，就叫他去自己家过年。虽然身处寒冷的雪夜，但此时王军的心却一片滚烫。师傅王健对王军来说，不仅是将他带上岗位的老师，更是他生命中不可或缺的挚友。王军回到上海工作后，一直牵挂着远在武汉的师傅，他每次出差到武汉都会尽量抽出时间请师傅吃一顿饭。正所谓耳濡目染、近朱者赤，也正是受了师傅无微不至的照顾，本就热心的王军，在带徒弟后，身上有着师傅王健的影子，他也像曾经王健关心他那样关心着自己的徒弟。

王军工作起来常常进入"无我之境"。钳工装配的工作少不了要做些体力活儿，特别消耗热量。王军因为工作时比较投入，时常忽略自己身体的感受，可一旦他精神稍微松懈下来，饥饿感便会铺天盖地袭来。有一次，王军好不容易从专注的状态里醒过神来，就感觉自己的五脏六腑都闹起了脾气。在一旁工作的同事看王军停下来捂住肚子，有些难受的样子，便停下来问道："饿了吧？"见王军无奈地点点头，他笑着告诉王军："刚才就一直听见你肚子叫，还以为你自己没感觉呢。原来是工作太认真了啊！"

那天到了就餐时间，王军一顿就吃了七两饭，连他自己都惊呆了。但师傅告诉他："这很正常，咱们工作量大，自然就吃得多了一点儿。"说着师傅还问王军："要不要再加点儿饭菜？不要不好意思，吃得多，工作的时候肚子才不会叫。"听到这话，周围人哄堂大笑，这下大家都知道王军上午饿得肚子叫的事了。

无论是在宝钢技校学习知识的两年，还是在武钢热轧厂实习的8个月，都为王军后来的发展奠定了基础。人生处处有机遇，王军相信，每个人的命运都是由自己亲手创造的。技艺高超的沈老师、对他关怀备至的师傅王健，王军从他们身上感受到了钢铁人独特的魅力：极致的追求与热情。这些经历，让王军更加坚定了自己的信念，他要在钢铁这条道路上淬炼意志，在平凡的岗位上充分实现自己的价值。

第四章　硕果累累创新路

扫码解锁

◎群英颂歌 ◎创新足迹
◎钢铁砺新 ◎奋斗底色

勤学多问的思考者

王军在结束武钢热轧厂实习后又回上海接受了近两年的应知应会实训，于1989年正式进入宝钢下属的热轧厂，成为正式员工。对于大部分人来说，走上工作岗位就等于和学生身份挥手作别。能进入宝钢工作，在许多人眼里就是捧上了"金饭碗"，今后吃穿不用愁，只管守着这份工作等退休就好了。但王军并不"知足"。在正式上岗前的四年时间里，王军积累了大量的实践技能。随着技能和知识的丰富，他越发意识到了提高理论水平对工作的重要性。要想在工作中有自己的系统性思考，必须要有强大的专业知识做底蕴。于是，王军在工作之余，报名参加了宝钢职工大学夜校，他打算通过学习提升自己。热轧厂的员工都是经过严格培训才能进入宝钢的，他们的素质都很高。王军报名夜校后发现，尽管已经下班很久了，但放眼望去，宝钢设计院大楼的每一层楼都灯火通明。夜校的教室坐满了像王军一样刻苦努力的人。这样的学习氛围给了王军极大的鼓舞，在宝钢的每一个夜晚，王军都孜孜不倦地汲取着书中的知识，不断用知识充实着自己。

⊙ 1998年，王军与女儿在
上海长风公园合影

进入热轧厂不久，王军结识了他的爱人。1989年，二人携手走进了婚姻殿堂。繁忙的工作和紧张的学习并没有让王军忽略家庭。因为工作忙，每次回家，王军都非常勤快，又是洗碗又是拖地，尽可能多做家务。妻子有时会调侃王军，下班之后就好好休息，不要用这些"小恩小惠"来讨好她。王军很庆幸自己有这样一位善解人意的妻子，妻子的支持是他工作的最重要的动力。1991年8月，王军的女儿伴随着炎夏出生了，这是王军收到的最美好的礼物。有了女儿后，他的生活更加充实了，多了一个孩子，家里的琐事以及工作的压力也随之增加，但王军还是会抽空到夜校学习。

女儿刚上幼儿园时，王军和妻子都要上班，两个人忙起来就没人带孩子。夜校的老师知道王军勤奋，也很欣赏王军，了解他的家庭情况后，特意在某次课后对王军说："你的情况我了解了，以后你不用再来上课了，到时候直接来参加考试就可以了。"言外之意就是，王军来不来上课不重要，只要到时候能通过考试就能顺利毕业。因为在当时，有的学员去夜校上课只是为了混日子拿到一个毕业证，为今后工作升职做准备，但对于王军来说却不是这样的，他认为每一次学习都让他与知识更近一点儿，如果连学的过程都放弃了，一纸证书对他而言将没有任何意义。

因此，在老师说完这段话后，尽管王军心里明白这是老师对他的照顾，但他还是言辞恳切地婉拒了老师的好意："老师，我来这儿是要学真本领的！"王军暗下决心，一定要学真本领，打下坚实的理论基础，这些使他在之后的工作中，能够不断地将所学的知识内化，最终用于操作。

小试牛刀，萌发新芽

实践的神奇之处就在于，一次偶然的机会也许会突破固有认知，一枚神奇种子就开始在心中发芽。

20世纪90年代之前，中国的钢铁制造技术远远落后于世界平均水平至少20年，必须依靠引进国外先进钢铁制造技术保证生产量，无论是设备还是技术，都要花大价钱从其他国家引进。这个时候人们对钢铁行业的普遍认知就是：我们不如国外。

宝钢热轧厂2050热轧精整生产线于1989年8月3日正式建成投产，这条生产线从德国西马克集团引进，主要是以优质连铸板坯为原料，生产性能稳定，有优越的热连轧钢板带。但此时热轧厂里所有的员工都没制作过板带，设备、理论和技术都来自外方公司，设备厂商只提供设备功能说明书，操作规程得自己摸索。管理模式的差异、设备运行不稳定等问题成了扎在热轧厂员工心中的刺。

那时刚进厂的王军恰逢生产线开工调试，作为班长，他每天早早地到现场，干完自己手上的活儿，也不去休息，就跟着热轧厂请来的外方专家学习。同样是装配剪刃的工作，别的工人都是听专家怎么说就怎么做，王军却不随波逐流，他总是要比别人多问一个"为什么"，他渴望能够从专家的身上学到更多的知识。一开始，包括王军在内的工人对国外的设备以及理论都有着一定的崇敬之心，但随着王军在岗位积累的经验越来越多，慢慢地，他发现进口设备也存在一些不合理的地方。

一天，王军带着班组8位同事用了一整天的时间将一台纵剪机架的剪刃装好，在大家都已换下工作服准备回家休息时，一道晴天霹雳将这群工人打了个措手不及。

"必须马上返工！"听到外方专家的话后，王军有些不敢相信自己的耳朵，自己和同事们辛苦一整天的成果就要付诸东流了吗？

外方专家向王军表达了歉意，并解释道，由于设计出现错误，白天的机架都装错了，需要重新调整，并且为了不耽误第二天的联调，必须在今晚完成返工任务。因为设备和理论全部来自国外，此时的王军只能按照专家的意思带着疲惫不堪的同事们连夜返工。这次的经历让王军明白，国外的设备也并不是完美无缺的，德国的技术也有不完善的地方，但不知道原理也只能听从外方的安排。"所以我必须去学习，充实理论，把技术牢牢抓在自己手里，要是能够掌握系统的理论知识，也许就能够避免这次的

⊙ 王军工作照

返工。"

此刻，"创新"与"学习"的种子慢慢在王军的心中萌芽。

大学梦圆

尽管此时的王军早已踏上工作岗位，但"上大学"一直是他心中放不下的执念，尤其是在女儿出生后，时间变得更加紧张，他不得不暂时放下他的读书梦。进入热轧厂这么多年以来，王军在操作现场遇到过五花八门的问题，有的他自己能够解决，有的只能求助他人。此时，王军深刻地意识到，以自己现在的知识储备，要想独自解决大部分问题还远远不够，他必须继续充实自己。直到女儿上小学，目送女儿走进学校，看着眼前气势恢宏的校门，听着从不远处传来的琅琅读书声，那个在多年前沉寂下来的梦对30岁的王军挥起了双手。王军回到家中对妻子说出了自己的心愿：我想继续读书。此时，距离王军上一次参加高考已经过去了11年。

王军对妻子说出了自己心中一直以来的想法，要想把工作干好，光靠在岗位上的积累还不够，大学里教的内容是走在时代最前列的知识，他想去学学更系统、更先进的理论。听了王军的话，妻子也明白丈夫多年前留下的遗憾，她知道读书对王军来说意义重大，于是她痛快地回答："我支持你。你只管去做你想做的事，家里这边我能应付。"

有了妻子的支持，王军很快就全身心地投入这一年成人高考的复习中。他打算报考同济大学的机械设计制造及其自动化专业，这个专业主要是培养具备机械制造基础知识与应用能力，能在工业生产第一线从事机械制造领域的设计制造、科技研发、应用研究、运行管理和技术服务等方面工作的高级工程技术人才。王军本就是从钳工班毕业的，工作后又和机械打了这么多年的交道，再加上当初学校对学生的要求比较严格，很多课程都是采用大专教材进行教授的，一定的理论基础加上丰富的实践经验，王军对自己很有信心。但他毕竟已经离开学校近十年了，要重新捡起书本也不是一件容易的事。好在王军在学习上要强的心从未变过，白天他照常在厂里上班，晚上回到家后，他就拿出小学时学英语的劲儿，废寝忘食地备考。机械设计原理与方法、机械制造工程原理与技术、机械系统中的传动与控制、计算机应用技术，这些机械设计制造及其自动化专业需要学习的内容王军一个个地攻克。"追风赶月莫停留，平芜尽处是春山。"1996年，王军拿到了同济大学夜大[1]的录取通知书，时隔11年，他如愿成为一名大学生，终于圆了他的大学梦。

在用知识缝制铠甲的路上，王军从未停下他的脚步。拿到同济大学夜大录取通知书的王军并没有将进入大学作为学习知识的终点，他选择在梦想实现的基础上更上一层楼。机械专业与国际接轨，当时的许多技术都是从国外引进的，要想掌握先进的理论

---

　　[1]　夜大是成人高考的一种学习形式，通常是为满足在职人员或其他无法在白天接受全日制教育的人士的学习需求而设立的。教学时间一般安排在晚上或周末，通过夜大完成学业的学生可以获得国家承认的学历证书。

⊙ 王军现场工作照

知识就要阅读外文文献、与外方专家交流，这就免不了要熟练使用英语。这个时候王军又发现，他的英语始终是个短板。工作中的王军在热轧厂里担任班长，他带领组员力争优秀；在学校的王军同样也是班长，他认为自己必须起带头作用，成绩要好，不能偏科。于是，在同济大学夜大的专业课学习之余，王军又在宝山区电大报了一个英语班，重点攻克英语。

昏黄的灯光下苦读的身影开始模糊，似乎与20多年前在海丰农场家中秉烛看书的少年王军重叠在一起。只是当初身边陪着自己的是低头缝衣的母亲，如今的王军已经成家立业，陪在他身旁的是他的妻女。

第一个创新成果

"君子之学必好问，问与学，相辅而行者也。非学无以致疑，非问无以广识。"王军在走上工作岗位后将学与问贯彻到底，他已经意识到国外的技术并非铁律，但他也知道，当我们还没有拿得出手的技术时，要想超越别人，就得先知道人家现在有什么。有了在同济大学学习到的理论知识，王军还会在完成工作后，拿着小本子跟着外方专家跑前跑后，吸纳、引进，再为己所用，这一来二去，还真让王军琢磨出了点儿东西。

剪刀组配看起来就是个体力活儿，其实也隐含着较高的技术含量。剪刀更换速度与剪刀的装配质量都与生产密切相关。王军跟在专家身后学到了很多内容，比起其他人，也更早地了解了剪刀装配质量对生产的重要性。有一次在更换剪刀时，钢板剪切的质量不尽如人意，几位有资历的老师傅对其调整过后，效果仍不理想。

众人束手无策，维修工作陷入僵局，年轻的王军主动站了出来，向作业长请缨。

年轻的王军虽然还没有什么特别的成绩，但宝钢一直都很支持员工在工作上有所思考，因此，作业长同意让王军试试。得到同意后，王军并没有立即到机架上去调整剪刃的间隙，而是先通过对讲机向生产方了解当班生产的产品规格。得知这批产品需要更薄的钢板后，他来到机架旁，只见他找到几颗螺丝，简单地调整了一下就退了出来，自信地对作业长说："可以开机试试了。"见王军只是简单地拧了几下，大家都对王军话中的自信抱有怀疑。但没想到，开机一试，钢板剪切的质量果真达到了生产要求。

作业长不敢相信如此简单的操作就能解决这个为难了大家许久的问题，便问王军："你是怎么做到的？"

王军腼腆地道出"天机"："平时跟外方专家交流时，知道不同规格的钢板对剪刃间隙的要求不同，我留心做了记录，像今天生产的这种薄规格产品，剪刃间隙应该比平时小，只要将固定螺丝稍加调整就可以了。"

这样一来，大家都开始对这个总问"为什么"的王军刮目相看了。王军经此一战，也渐渐找到了自己的定位。要想把工作干好，光靠蛮干不行，应该多动脑筋。王军"打破砂锅问到底"的精神也为他以后走上创新的道路奠定了坚实的基础。

王军的工作性质少不了要占用他的休息时间。一天，王军正在家里陪着女儿看电视，女儿天真稚嫩的笑声仿佛能带走他在工作中的所有疲惫。淡黄色的灯光洒在父女二人身上，此时的气氛一片暖融融，但一通电话的到来打破了这满室温馨，王军被紧急召回厂里加班。不巧的是，妻子今晚也得加班，王军左右为难。不去吧，自己是班长，必须得到场；去吧，女儿怎么办呢？最终，经过激烈的思想斗争，王军还是决定前往工厂完成工作。离开家之前王军满是愧疚地摸着女儿的头告诉她："爸爸现在必须得回去工作，你在家里乖乖等着爸爸行吗？"也许是父亲经常突然离开，得知父亲又要去工作时，还在上小学的女儿竟也不觉得意外，她懂事地对王军说："爸爸，您放心去吧。"安顿好女儿后，王军急匆匆地离开了，直到夜里才回到家，他发现女儿一个人既委屈又害怕地蜷缩在床上。女儿乖巧可怜的样子让他心疼极了，他一边想着应该如何补偿女儿，一边又想加班是因为一份工作需要好几个人花好几个小时才能完成，问题的根本在于他们现在这套操作系统的工作效率太低。

那么，怎么解决这一问题呢？只有通过优化改进技术，降低劳动强度的同时减少工作时长，才能节省时间提高工作效率。换句话说，就是让自己下岗，然后重新上岗，去做更有价值的事情，这样才能为企业创造更多效益，这就是他当时最质朴的想法。

秉承着这一信念，加上在工作现场的实际发现，1999年，王军以此次对设备做的临时调整为基础，又经过长期的生产实践，总结了他的第一个创新成果——"飞剪剪刃快速更换法"。更换剪刃并非简单地将旧剪刃换下再装上新剪刃，其中还涉及剪切机架的拆卸和安装，不仅工序复杂，而且劳动强度大，需要大量人手。王军的方法通过简化更换程序，既降低了剪刃更换的劳动强度，又缩短了停机时间。以前更换一个剪刃，3个人需要一个半小时才能完成，采用王军的操作法后，一个人只用半个小时就能完成，等于工作效率提高了6倍左右。此方法被评为公司先进操作法。这个操作法推广开后，受到厂里上上下下的赞赏。剪刃组装

⊙ 王军现场工作照

的每个岗位由原来的四人变为一人，工作效率大大提高了，但劳动力需求却减少了，再也没有出现过加班的情况。

"这对我是一个很大的激励。我没想到自己解决工作问题的一些创新举动，竟能获得单位这样的认可，这让我创新动力十足。"这是王军在工作后得到的第一个重要荣誉，对他而言，也是最特别的荣誉之一。尽管在后来的工作生涯中，他获得了无数次重量级的奖项，但这第一个创新成果是激励他走上创新之路的第一股力量，赋予了他信心，对他的影响是非同一般的。

此时的王军还没意识到自己的第一个专利即将问世。得知王军还没有专利成果，就有人建议他把自己手上的资料好好整理一下，争取申请个专利。在领导的鼓励和同事的支持下，王军将平时在工作中积累的经验以及对个别设备的改进，分别以操作法、专利或是技术秘密等形式进行了提炼总结。紧接着，他的第一个专利"纵剪机架用隔圈"很快诞生了。

用知识武装头脑，立足岗位提升技能。除了学习理论知识，王军还主动要求参加热轧厂为员工举办的区域工培训。他在培训中掌握了多项岗位操作技能，成为热轧厂首批拥有多个岗位操作证书的区域工，并连续两年蝉联热轧厂专业技术工种的操作比赛第一名，他也因此破格取得技师的资格。

自此之后，王军的创新之路正式开启，他开始了对设备"缝缝补补"的生涯。

提升自己，永不停歇

当我们以为自己已经登上高峰，才发现还有更高远的险峰在不远处矗立，才发现"攀登"的路上是永无终点的。

为了加快人才队伍建设，促进员工职业技能水平的提升，宝钢每年都会举行各种类型的技能"比武"大赛。这对每个员工来说都是一个成长的好机会。在比赛中，员工可以及时发现自己有哪些不足之处。2000年，王军得知公司即将举办"轧钢精整工"技能大赛，他报了名。钢铁的精整工作是钢铁生产的重要环节，这一环节对钢铁的质量起着重要的保障作用。精整主要是在轧钢过程中对钢卷边进行切边、去尾、精修等加工，以此来保证钢卷的平整度、精准度，提高钢卷的耐腐蚀性以及附加值。王军参赛的消息让周围人既感到震惊，又毫不意外。虽然进厂后王军主要从事的是剪刀装配的工作，但他在不断用理论知识武装自己的同时，并没有忘记提升岗位技能的重要性，在同济大学学习理论知识之余，王军还曾通过区域工培训，掌握了多个岗位技能，成为热轧厂首批拥有多个岗位操作证书的区域工。

"轧钢精整工"技能大赛的比赛内容分为应知和应会两个部分，主要考察选手对精整工作的相关理论知识与实践技能的掌握情况。在比赛开始前的一段日子里，王军把自己当初参加培训时做好的笔记拿出来温习，这个习惯是他在武钢热轧厂实习时留下的。明亮的灯光下，王军认真分析着自己在知识结构上的薄弱点，逐个攻克，不断提升自己对精整工作的操作水平，直到终于迎来比赛的日子。

比赛正式开始前，现场气氛如火如荼，观众们的眼光都不由自主地聚焦在这位显得有些"另类"的参赛选手身上。剪刀装配工也能在这次比赛中取得好成绩吗？这是在场人心中共同的疑惑。主持人宣布比赛开始，王军立即进入状态。曾经在培训班学习的场景以及近日来温习的内容一一浮现在他的脑海中，他有条不紊地开始操作。他先把钢卷从轧机上取下，检验钢卷的质量问题并做好标记，接着用钢刀将有问题的钢卷表面不规整的地方切除，再把钢卷尾部较厚的部分切除，对钢卷表面进行打磨，去除表面明显的缺陷和形状的偏差，接着去除钢卷表面因氧化、腐蚀出现的杂质。一番操作下来，原本有些凹凸不平、形状不规则的钢卷，在王军的手下渐渐地露出了"钢"芒。额间的汗水刺痛着王军的眼睛，直到他看着眼前经自己修整后形状变得良好的钢卷，这才抹去汗珠，松开紧皱的眉头，露出了心满意足的笑容。

比赛结束后，经评委打分讨论，成绩很快就出来了，王军获得了此次技能比赛的第一名！成绩公布后，王军自己也有些惊讶，他原本是抱着"以赛促练"的心态来参赛的，没想到居然得了第一名。我国的职业资格分为五个等级：初级、中级、高级、技师以及高级技师，王军原本是中级工，凭借这次比赛，他被认定为具备高级工的资质。2002年，王军又一次参加了"轧钢精整工"技能比武大赛，并蝉联冠军，由高级工升为技师。比赛的结果不是王军最看重的，在王军的认知中，比赛只是一次历练、一次经验，

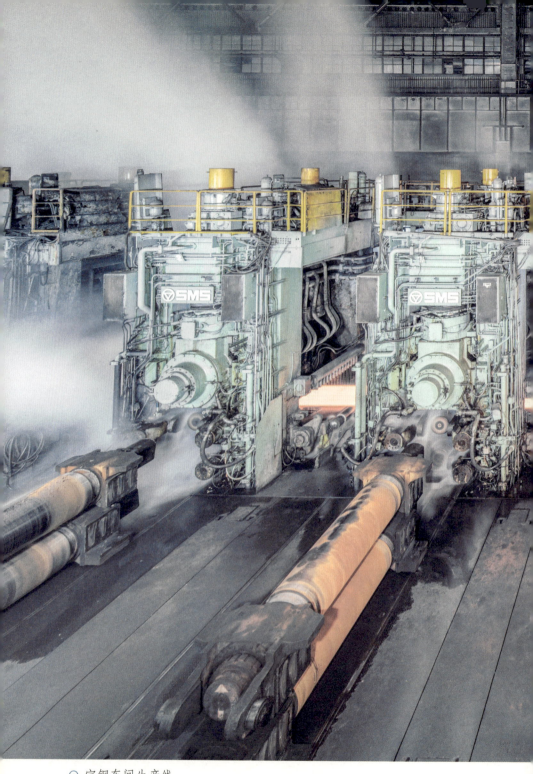

⊙ 宝钢车间生产线

获奖说明他在这一方面能够得到别人的认可。这些都是王军不断提升自己的燃料，王军对多个岗位技能的掌握，为他的创新之路奠定了坚实的基础，勇攀高峰的路上，王军从不退缩。

不可能完成的任务

王军的名气逐渐传开，有时生产线上遇到了问题，总有人来找王军帮忙，王军也很乐意帮助大家做一些力所能及的事。大多数情况下，王军都能帮求助者解决问题，但有的时候，他也会遇到让他抓破脑袋的难题。一天，王军接到了一个对所有人来说都不可能完成的任务——一个班安装两副纵剪机架。一听到任务内容，王军心里打了退堂鼓。王军所在班组是做安装纵剪机架的，一共8个人。之前在德国专家克拉德的带领下，平时安装一副机架需要8小时。可现在德国专家回去了，他们只能独立安装机架。没有专家的指导，要完成这个任务对于他们来说无异于天方夜谭。

生产调度实在没办法了，不得不继续劝说王军："我知道这个任务很艰难。但这是一个出口合同，没想到船期提前了，今天必须安装好两副机架，否则会影响到装船，这可是会影响出口的。你知道违约会给咱们厂带来多大的损失吧！"

情况是紧急的，但现实依然是残酷的。王军看着调度一字一句地说道："我还是那句话，一个班一次只能装一副机架，装两副那是神仙来了也帮不上。"

王军的态度坚决，调度心里也知道自己这是在强人所难。见王军这里行不通，他只好失望地去另外想办法了。王军虽然对调度说了自己对此事无能为力，但等调度离开后他却站在原地思考着解决方法。

他在车间里上上下下打量着机架，一边动手，一边回顾着机架的安装过程。突然，他发现如果按照一前一后的顺序安装，肯定来不及，但如果在安装第一个机架的时候，将封闭式隔圈改为插式隔圈，或许还能完成这个任务。

至于如何同时开工，王军想好了办法，他将原有技术进行工艺创新，又调动组内所有成员一起按照自己设计的指令与安装顺序对机架进行组装。果然，经过调整后的方法比之前花费的时间短了很多，一夜之后，王军带领组员一起完成了一个班一次安装两副机架的任务。

生产调度听到消息后欣喜若狂，他跑到王军身边，兴奋地拍着王军的肩膀笑得合不拢嘴，"你不是说来不及吗？害得我一直担心会违约。"

解决了这么大个难题，王军也很高兴，"你也去打听过了吧，本来是肯定来不及的，但我突然意识到要想完成这个任务不能墨守成规，思路转变一下解决办法就出来了。"一个无法完成的任务就这样被王军攻克了。

车间是按照工作量来分配奖金的，等后面接班的同事来接班时，看到王军填写的工单，十分意外，以为王军虚报工作量。结果去现场查问，才知道王军竟然干成了这样一件大事。

这件事给王军留下了比较深的印象，也给了他很大的启发：

在适当范围内适当地做一些创新，就可以事半功倍。

把垃圾倒出专利

"创新无处不在，哪怕是看上去最不起眼的倒垃圾。"

王军在车间里有两个爱好：一是跟在外方专家身后提问，二是在车间里观察设备的状态。大多数人都只会关心自己眼前的一亩三分地，但王军不同，他会把目光放得更远。热轧厂每天都有大量的工业垃圾需要处理，在吊装工业垃圾时，现场的指挥人员通常要爬到两米多高的车顶上操作，王军在下边看着这一幕都替工作人员捏把汗。虽然一直以来热轧厂都是用这种方法来倒垃圾的，谁也没提出过什么意见。但经过仔细观察，王军发现这种方法既耗时又危险。虽然这本来是垃圾清洁员的工作，与王军没什么关系，但已经注意到工业垃圾箱吊装不便且存在安全隐患的王军当即在脑子里冒出了个想法，立马撸起袖子表示："我来干！"

接下来的三个月里，王军运用在大学所学的机械专业的知识，结合实际结构特点，将单绳吊卸设定为长短绳组合设置和短绳吊环的钩式设置，实现了吊装中的自动脱钩，避免了人工操作的危险。原来要四个人操作、安全系数低的装置，经过王军的改造，只需要一个人操作就能完成，既省时又安全。

王军的特别之处在于，别人看倒垃圾就是倒垃圾，但王军却能把垃圾倒出专利。2001年4月，王军首创的"双绳吊装自洁工业周转箱"成功申请了专利。

多学习、多思考、多观察、多总结，是王军一直以来的工作信条，而他的这种"见山不是山，见水不是水"的精神也打破了"辅助岗位没有技术可言"的老说法。

后来，很多分厂听说了王军的事迹，纷纷邀请他到各个厂里帮忙看看哪些设备还有改进的地方、哪些地方可以有创新点。王军在接到邀请后深感这是能够将所学理论运用到实处的好机会。自己学了那么多知识不就是为了有一天能够实现它们的价值吗？更何况，王军意识到创新不能坐在桌子前空想，很多的创新，如果不给机会的话，可能就做不下去，不去做，创新能力就得不到提升，创新成果永远也不会落地。接下来的时间，王军一有空就到各个分厂去帮忙。但时间一长，他们单位的领导就有了想法。一天，刚从分厂回来的王军被领导叫进了办公室，"听说你要离开热轧厂了？"听了单位领导的话，王军有些摸不着头脑，自己可从没说过这样的话，也没有过这样的想法，怎么到领导这里就是要离开了呢？后来从领导的话中王军琢磨出了点儿意思，原来就是因为自己这段时间一直在外帮忙，不知道从哪传出来的话说自己要离职去其他地方了。见王军确实是一副不知情的模样，领导这才放下心来，对王军说："现在你可是咱们厂里的'名人'，你要是想走，我们可不会放人的啊！"王军知道领导这是在开玩笑，但他还是郑重其事地说："我从来没想过离开。"王军也向领导提出了自己的想法，希望厂里能多为技术创新提供条件。只有厂里为大家提供良好的创新环境，真正有志于创新的职工才能发挥作用，在岗位上成才。

王军的提议得到了领导的认可，并很快在厂里推广。在领导的支持下，王军在课堂上学到的许多理论知识都成功落地，这些技术创新也为企业生产找到了一条新的发展道路，为之后王军在创新路上的成功打下了坚实的基础。

换岗创新攀高峰

1999年至2001年间，王军将积累了十多年的岗位操作经验变成了一个个先进操作法、专利和技术秘密。由于王军在岗位上的出色表现，2001年，他被热轧厂的领导调到精整机械设备作业区当设备点检员，这属于设备管理岗位。设备管理主要分为两类岗位，一类是点检，负责对生产设备的全生命周期备件的采购、更换、备件复修、生产线巡检，按照项目的需要时间确定定修频率；另一类岗位是维修，一般由宝钢检修公司来负责。王军在新岗位的主要工作就是跟踪生产线的状态，按照管理制度对设备进行全生命周期的日常管理，保障生产顺利进行。

将王军从设备的生产维护、生产准备工作岗位调到设备管理岗位，对他来说，是对他提出了更高的要求，他不仅要熟悉整个设备的管理系统，还要对现场整个生产线的稳定可持续性、生产的产品质量、设备的精度以及核心部件的使用情况加以管控。这个岗位与产品的生产质量密切相关，领导就是看重王军的创新改进能力才将他调过来的。好在王军在进入宝钢后就一直重视观察设备，在被调入新岗位后他更是每天都会对现场设施进行检测，一段时间下来，他对设备的熟悉程度就像熟悉自己的左右手一样。

"人生不是自发的自我发展，而是一长串机缘。"对王军而言，来到新的岗位就是他创新路上的一次机缘。一线工人每天在自己的岗位上就能发现不同的问题，问题点就是改造点，改造点就是创新点，创新就能创造价值，因此车间就是一个"天然的实验室"，甚至连问题都不需要寻找，"天然的问题"加上"天然的实验室"，就能碰撞出令人惊喜的创新火花。每一个在一线发现的问题最终得到解决，都能为企业创造巨大的效益。王军就在这个"天然的实验室"里一天天地淬炼着解决问题的本领。

2002年，2050热轧精整HM05平整线卷取机改造项目进入了最后的安装、调试阶段。就在距离正式投产仅剩两天的关键时刻，现场出现了一个紧急情况——卷取机和轴套不匹配。

经过讨论，技术人员决定改进设计，重新加工卷取机轴头和轴套。可这需要至少一个礼拜，时间根本来不及。刚到精整线设备点检岗的王军没有参与过该项目，但凭借对机械设计的了解以及平时的积累，再加上对车间设备的熟悉，他展现出了敏锐的观察力，一眼就看出了问题出在哪里。

王军对现场设备的情况进行了仔细检视后，皱着眉头开始思考，突然一个想法在他脑海中呈现出来，他环顾周围同事凝重的表情，果断地说出了自己的想法，提出要采用"避免落料重新加工、锥形环定位方案"进行调整。

王军的方案被拿到设计方去讨论是否可行，几位专业人员对方案中具体的操作方法进行全方位的评判，最终这套方案通过了设计方的认可。得知方案通过后，王军再一次感受到了自己在这个岗位上工作的意义，他的每一次思考、每一次创新都为单位创造了更多的经济效益，这一次他的成功使得项目避免了重新加工，确保了按时投产，这也让王军更加坚定了自己创新的决心。

"高强度全密封精整矫直机支承辊技术"是脱胎于2050热轧薄板线的一个国产化科研攻关项目。在钢铁行业，精整矫直机是冷轧、热轧、宽厚板等轧制过程中决定成品质量的关键设备，支承辊技术又是其核心技术。当时，由于剪切线矫直机支承辊的密封性不够好，每次更换支承辊或添加油脂后，都会形成油污板，导致产品被降级处理，造成较大的经济损失。如果不能在该项技术上取得突破，将会严重阻碍宝钢高附加值品种钢板的生产，也影响我国在高强度品种钢领域形成自主知识产权的核心竞争力。

为了突破技术难关，厂里的工程技术人员付出了大量的时间与精力，终于通过国产化攻关，实现了支承辊的国内生产，但进口支承辊密封结构的防尘和防泄漏问题一直未能解决。不巧的是，相关技术人员又被派出去参加技术交流和谈判，被调走了，关于中板及厚板线支承辊的国产化攻关也就一直未能进行。

技术人员走前拉着王军推心置腹地说了一番心里话："你很专业，我走了以后技术这方面你一定要挑起大梁。一定要想办法把依赖进口的技术实现国产化！"面对领导和昔日同事的嘱托，王军不负众望。2001年，王军接手了这项技术在中板及厚板线中推广应用的国产化科研攻关任务。

⊙ 王军在点检现场设备

要解决超高强钢矫直机支承辊技术主要难题，就要实现以下6项技术突破：满足矫直机高强度要求、杜绝油污板、实现支承辊的可修复性、全方位提升支承辊寿命、提高带钢表面质量和实现支承辊免维护。

在宝钢工作十几年，公司的同事对王军的评价是：一拍脑袋就是一项技术发明。但王军知道，他的成功是从无数个与设备做伴的夜晚中积累得来的，工作到深夜是王军进入宝钢之后的常态。在攻克高强度全密封精整矫直机支承辊技术项目时的一个晚上，宝钢热轧厂内的一处依旧灯火通明，时钟的短指针已经走到了"3"的位置，环境静谧，只有纸张翻过的簌簌声在夜晚显得如此清脆。王军坐在桌子前，翻看着近期的实验数据。想到手里项目的关键点还没有头绪，他想起身活动一下僵硬的身体再继续思考，但脚下一移，他发现脚上穿的工作靴的橡胶底被热水汀[1]烤焦了。王军想把这双烧坏了的鞋子先换下来，刚弯下腰的他看见鞋底凹陷的部分，他脑中突然灵光一闪。油脂受压外溢，和靴子受热被烤焦，看似风马牛不相及，但道理是一样的，要解决这个问题就要找到防油压的密封圈。

看着被烤化的鞋底，王军如获至宝，他立马拿出手册记了下来。为了这项技术，他已经在实验室里熬了不知多少个夜晚，终于有了新的突破口。一次突然的灵感爆发，打通了王军这段时间以来

---

[1] 提高室内温度的暖气装置。

被禁锢的思维。接下来的几年，王军不断突破自我，经过近3年的努力、上百次的实验，超高强钢矫直机支承辊的难关终于攻克了。根据技术目标，王军设计开发了多项新技术：他设计了新型支承辊结构、支承辊用夹装式支座、自动"跟踪"轴径的支承结构和均布支承技术，实现了高强度技术的突破；设计并开发出3种防油污结构，杜绝油污板；首创双曲线磨削修缘方法，消除边缘载荷，

⊙ 王军获国家科学技术进步奖二等奖

获得理想辊面曲线，修复后继续使用12个月还可多次修复，大幅度降低了维护成本和劳动强度，终于使高强度全密封精整矫直机支承辊技术投产成为现实。

实践证明，高强度全密封精整矫直机支承辊技术在不同生产线的推广应用，不仅能满足高强度板的生产需要，还能杜绝油污板、实现支承辊的免维护和可修复性，提高支承辊寿命和带钢表面质量，创造了良好的经济效益。该项目到2005年结项时，一共投入100万元，可仅2004年一年创造的效益就高达5300余万元。此外，该技术还包含了12项专利。

一次次的实验，一次次的失败，王军从未放弃，2008年1月，王军凭借这个项目中的高强度全密封精整矫直机支承辊技术在北京获得了国家科学技术进步奖二等奖。仅2001年至2004年，王军就获得专利18项、合理化建议数百条，为企业创造直接经济效益数千万元。夜以继日的实验、成百上千次的失败，在王军的眼中都是项目走向成功的必经之路。此时的王军，早已不满足于总结操作法或是对设备进行小修小改，而是聚焦生产瓶颈，开始走科研攻关道路，一次又一次向难题发起挑战。

第二次选择

人的一生几乎每时每刻都在面临着选择，如果在梦想和现实需求之间二选一，你又该如何抉择呢？38岁的王军就遇到了这个难题。

1996年，王军考上了同济大学夜大，但他并未止步于此。在大三那年，他继续报考了所学专业的专升本考试，历经8年，终于在2004年成功拿到同济大学机电一体化专业的本科毕业证，王军的大学生涯画上了一个圆满的句号。在王军即将毕业时，他专升本的老师张博士向他抛出了橄榄枝，主动联系他，问他是否愿意继续读书做他的研究生。此时就连王军自己都没想到，他还能有继续深造的机会，他原本以为能完成本科学习并顺利毕业已经算是完成自己的梦想了，没想到自己还有机会读研。恰好张博士是增材制造专业，王军对这个专业非常感兴趣。感激之下王军欣然应允，二人约定了来年再续师生情。王军为了考研做了很多准备，尽管前几年他还专门报班进行了系统的英语学习，但当他雄心勃勃地参加同济大学的研究生考试后，英语成绩过低导致的失败再次如噩梦般缠上了他，这一次王军又被英语拖了后腿，他的读研之梦只能搁置一年。

当王军为考同济大学研究生而再次啃上英语这块儿难啃的骨头时，又一个选择摆在了他的面前。这个时候，王军已经申请了许多自己的专利。看到这样一个人才在为研究生考试抓耳挠腮，王军的师傅和领导们都有些不解："你申请了那么多实用新型专利，为什么不去学一些跟申请专利有关的知识呢？"

这句话让深陷英语困境的王军如醍醐灌顶，他这才发现自己一直都被曾经的执念所禁锢，虽然读书是自己的梦想，但现在的他有了一个更有价值的选项。席勒曾经说过："真正的价值并不在人生的舞台上，而在我们扮演的角色中。有人是画家，有人是摄影师，有人是工程师，他们扮演着不同的角色，却又都在人生的舞台上翩翩起舞。人生本身是没有意义的，而你通过做事，为它赋予了意义。"沉静下来的王军开始思考这二者对他的意义，事实上，读研究生是为了搞研究，但对现在的王军而言，他已经不需要执着于学校的实验室了，宝钢热轧厂的车间就是他天然的实验室，研究生是他个人的梦，但他有机会选择创造更大的价值。

于是王军向张博士表达了诚挚的歉意，他放弃了继续攻读研究生，转而去了上海知识产权服务中心进修知识产权专业。经过系统的学习之后，王军通过考试拿到了上海市第一批专利管理工程师的证书。宝钢虽然藏龙卧虎，但在当时，还真没几个人有这张证书。

⊙ 王军在资料室查阅资料

进修回来后的王军在申报专利方面更加如鱼得水，别人都需要请专利代理师帮忙撰写材料，王军却可以在遇到同样情况时，轻松地摆摆手说："不用，我自己来。"

同事们都觉得有些奇怪，专利申请填写的材料复杂而琐碎，因此大家基本都会找专门的代理事务所负责，王军哪来的自信认为自己就能搞定？于是，当王军把填好的材料交上去后，他的领导有些不放心地找到专利代理事务所，让他们好好看看王军的材料。代理事务所带着"找碴儿"的心思研究了由王军独自准备的材料内容，最后居然无功而返，王军准备的材料竟然连一个标点符号都不需要改。事务所的人有些惊讶地对王军的领导说："他这份材料写得很规范，表述也清晰，可以直接提交了。"

除了学知识、学技能，王军还很注重学习辅助工具。英语、计算机、动态模拟仿真、电脑辅助设计等专利、技术秘密总结过程中需要用到的工具书，统统被王军从书店"搬"到家里。他像一只"贪婪"的书虫，一有空就钻到书堆里去啃，通过不懈的汲取，王军硬是把自己从一个不懂电脑操作的门外汉培养成熟悉电脑软硬件知识、能熟练运用工具软件的行家。专业知识的积累、专利申请知识的掌握、辅助工具的熟练运用加上多年来在岗位上的观察与总结，王军用努力为挑战行业难题的自己锻造了最锋利的刀剑。

敢于冒险的难题挑战者

挑战世界难题

多年来的知识积累，让王军有了挑战世界难题的信心。近年来，最让王军骄傲的成果便是他完成的三大创新项目：层流冷却关键设备技术、液压系统核心备件高压柱塞泵技术和超高强钢矫直机支承辊技术。其中，层流冷却关键设备技术历时十年，攻克了世界级行业难题，推进了这类核心装置实现国产化的进度，实现了我国在这项技术领域里从空白到世界前列的跨越式提升。

层流冷却，是采用层状水流对热轧钢板或带钢进行的轧后在线控制冷却工艺。需要将数个层流集管安装在精轧机输出辊道的上方，组成一条冷却带，钢板热轧后通过冷却带进行加速冷却。

⊙ 宝钢车间生产线

层流冷却的关键技术是整个行业都难以攻克的难题，早在20世纪80年代的德国、90年代的日本，都分别开展过对这项技术的研究。到21世纪初，才逐渐有成果面世，但要把这项技术引入我国，需要耗费2亿多元。

2005年，王军开始着手研究这项技术，他用三年的时间整理阅读了20世纪80年代以来此项技术在其研究领域产生的专利成果及论文，又结合实践检验理论，最终有了可以攻克这个难关的信心。他针对热轧层流区域高温多水环境，创造性地提出内置宽度遮挡控制设想。当王军向领导提出立项申请，令他没想到的是，五轮评估下来，他的立项申请被驳回了。

得知几轮评估都没有通过，晚上王军躺在床上睡不着觉。他想不通是哪个环节出了问题，导致评审专家不同意立项。一串串复杂的数字不停地在王军的眼前飘过，他百思不得其解，起身掀开被子拿起放在床头的衣服就要下地，刚睡着的妻子被王军这番动作惊醒了，她诧异地看着走出卧室的丈夫问："三更半夜的你不睡觉干什么去？"王军头也不回地回答："你先睡，我再看看我的数据哪儿有问题。"

王军坐在客厅里，把一份份资料摊开，比对一个个数据。为了搞清楚申请失败的原因，第二天，王军带着自己新梳理出来的内容开始挨个拜访此次评审的专家，一条条向他们陈述项目的可行性。等拜访到评审组组长时，王军拉着他不让走，说："组长，别人不信我，您还不信？"被王军拦住的组长转身从桌子下拎出一大摞资料，指着它们对王军说："你以为我们没关注过这个问题？"

王军这才知道，评审组的专家们也一直在关注层流冷却技术的问题，还曾成立过特别项目组针对这个问题展开研究，但最后计算出的结论和20世纪的日本、德国得出的结果相同：水流在管内的运动只会是"紊流"的状态，不可能是"层流"。组长看着王军说："大家的结果都是一样的，你怎么说服大家认同你的结果呢？"

王军早就对国内外关于这项技术的结论都研究透了，发现前人在计算和实验时都忽略了一个重要因素：雷诺数[1]。王军拿出自己之前的科研结果给评审组组长看，说自己早就通过实验证明了，只要把雷诺数控制在一定范围内，最后水流在管道呈现的状态就是"层流"。王军又将实验数据拿了出来，对评审组组长说："您要是不信的话，咱们可以用这个数据同时开两个实验，看到底是不是这个结果！"

当王军摆出理论和实验数据，评审组组长才开始相信王军是有备而来的。虽然王军此时已经说服了大部分人，但评审组追求的是稳定产出，一旦同意王军立项，就要把资源向他倾斜，万一在创新过程中出现了失误，随时都可能会影响正常的生产进度，而生产线一旦停下来，损失将无法估量。但王军的实验有理有

---

[1] 物理学术语，流体力学中表征黏性影响的相似准则数，是用以判别黏性流体流动状态的一个无因次数群。为纪念雷诺而命名，记作Re。

⊙ 王军工作照

据，评审组不得不重新审视他的申请。

评审组组长思考了片刻，告诉王军："我们再讨论讨论，尽快给你答复。"

王军只好焦急地等待着新的"审判"。一次又一次的会议后，评审组终于同意了王军的立项申请。经过不懈的努力，2010年，王军申请的层流冷却装备关键技术改造项目正式立项，这项从2005年就开始研究的层流冷却关键装备技术研发及其应用，从立项到后来一轮轮的技术更新历经了十年。

王军的成功不是偶然的，是他用扎实的理论基础加上十年来的坚持不懈，才在钢筋铁板上浇筑出美丽的花儿。正是因为有了王军的坚持，有他对赶超国外技术的强烈追求，对劳动和科学的崇尚，才有了这个项目的成功。

这个项目的成果热轧带钢柱塞式层流冷却系统及应用在节能和环境保护方面有显著的效果，平均提高热轧带钢成材率0.8%、节水36%、节电25%以上。这项令王军骄傲的项目只投入了近千万元，却获得了巨大的效益。最让王军引以为豪的是，这套具有完全自主知识产权的设备从原理上就比国外技术更先进，也打破了日本和德国工业此项技术在全世界范围内的垄断局面。中国的钢铁制造技术相对落后于世界先进钢铁制造技术的现状，一直是王军心中的遗憾，从他踏上"创新"这条路开始，他就希望能够用自己的知识和技术为中国钢铁行业追赶世界脚步贡献自己的一份力量。一分耕耘，一分收获，王军用自己的实际行动实现了一个从车间走出来的普通工人的劳动价值。

坚实的后盾

前进的道路上，也许荆棘满布，当你踩着尖刺向前走去的时候，回头一看，就能看见身后有人为你加油鼓劲，助你前行。如果说系统的理论知识、面对现场问题能够应对自如的岗位技能、精益求精的极致追求是王军战胜困难的武器，那么他的身后还有来自各方的支持，这些支持铸造了护他一路前行的铁甲。

要问王军最感谢的人，他第一个想到的就是妻子。对于他而言，妻子就是自己事业上的"伯乐"。并不是因为她会指导王军的工作，而是因为她在工作上无条件地支持与理解王军，王军才能毫无后顾之忧地一心扑在工作上。

王军在工作上事事亲力亲为，搞起项目来，好几个月不回家都是常有的事。2010年，王军在研究层流冷却技术项目时去了松江。为了加快项目进度并确保部件的加工质量，他在松江一待就是3个月，愣是没有回过一次家。有一次，他的同事实在忍不住了，问他："王哥，你这么久不回家，嫂子能乐意吗？"王军对此也很愧疚，但没办法，项目一开始就离不了人，自己必须在这里守着才能保持思维的连贯性，一分神就可能有差错。见王军钻进项目的模样，同事也知道王军一旦进入工作的状态就"心外无物"了，便摇了摇头不再劝说。

恰好这时候王军的妻子打来电话，一接通，妻子就问他："马上中秋节了，你能回来团聚一下吧？"

妻子的话一时令王军陷入了两难的境地，一面是离不得自己的项目，一面又是许久未见、等待着自己团圆的家人。但犹豫过后，他还是向妻子道歉："我实在走不开，现在项目正是紧张阶段，我得随时随地跟踪项目的进度和质量检查。"

王军话音落下的瞬间，妻子没有说话，王军只能忐忑地听着听筒中的电磁波声，这声音干扰着王军的心绪。几秒钟后，正当王军以为这通电话将会以妻子的挂断而结束时，妻子的声音再次从听筒中传来："既然这样，那我就带着孩子去找你吧。一家人总是要团聚的。"于是，这一年的中秋，王军和家人一起在松江团聚了。

妻子的理解和付出，一直是王军成功背后的最大后盾。平时王军上班，总是一头扎进工作中，下班回家的妻子就承包了大部分的家务活儿。可妻子总有不在家的时候，每到这个时候，王军就显得有些"笨拙"了。一天，妻子去上班了，王军在家休假，到了饭点儿，自信的王军打算给自己做一份美味的蛋炒饭，这是他的拿手绝活儿。鸡蛋一下锅，香味就在空气中散开，瞬间充斥了整个房间。可王军手里虽然不停地翻炒着锅里的食材，脑子里想的却是工作，等他回过神来，才发觉有些不对劲，哪儿来的一股煳味呀？王军朝锅里一看，立马惊得冒出了一身冷汗，蛋已经被烧得漆黑冒起白烟了。他手忙脚乱地把火关掉。原来，他只把蛋放锅里了，油还在瓶里，而正巧此时他的思想又开了小差，想着解决工作上的难题去了。晚上妻子回来得知王军又添上一笔新"战绩"后，摇了摇头无奈地说："你这个人，魂落在厂里了。"

除了家人，王军背后还站着和他并肩作战的同事，王军的成功离不开支持他工作的团队。2010年的夏天，王军申请负责的层流冷却装置技改项目到了最后的组装调试阶段，却在组装液压管路时遇到了难题。王军没有十足的把握能够做到万无一失，为了项目能够在计划时间内完成，他想找一个液压技术的专家和自己共同完成这一步。至于人选，他头一个就想到了精轧机械班长、高级技师李明。不巧的是这天刚好轮到李明休息。时间不等人，王军立即拿出手机给李明拨去了电话说明情况，但李明却说："不行啊，我儿子要高考了，我得给他做饭。"

⊙ 王军与家人在浙江合影留念

这下王军也犯难了，这个项目确实拖不得，于是他试图再次说服李明："液压这方面我就相信你，你看你能不能早点儿过来，弄完了之后再回去行不行？"本来王军这时候也不太抱希望了，脑子飞快考虑如果被拒绝了还能找谁来帮忙，没想到，电话那头的李明思考了片刻居然答应了，他告诉王军："明天一大早我就过去看看。"

果然，第二天天刚亮，李明到了厂里，二话没说就和王军讨论起了方案，一直到十点半，组装液压管路方案和样板终于确定下来了。李明马上就要离开了，王军却有点儿抱歉，休息时间还把人家叫过来，他想请李明吃个饭，李明却摆了摆手对王军说："这个项目可不是你一个人的项目，国外那么多人都没研究出来，要真是干成了咱们就不用靠别人吃饭了。我得走了，还得回去给儿子做饭呢，饭就不吃了！"

王军一直知道，在自己突破一项项技术创新的过程中，离不开周围人的帮助。无论是组织的表彰与奖励，还是来自他人的认可，都是王军工作的动力，如果没有这种认可，也许王军的创新路会困难得多。后来，王军的项目获奖了，他带着奖杯来到热轧厂找老领导报喜。老领导得知消息后高兴极了，王军也顺势和这位老领导谈起了项目从开启到结束时遭遇的不易。直到这时候王军才从领导口中得知，原来当时他申报项目时，老领导为他担了很大的风险。当时其他领导来看这个项目时，都不太赞同王军开展下去，这里有两个避不开的问题：第一是王军行不行？这么大的项目就交给一个资历尚浅的工人负责，领导们心里没底。第二是这个方向到底对不对？这条生产线每分钟的利润就是一万元，如果出现问题，后果又该由谁来承担？这时候，老领导站出来为王军做担保："第一，我信得过王军，他肯定没问题。第二，这个方向肯定是正确的，我们都已经充分地论证了，这个方向是未来的一个发展趋势。"

有了老领导的力挺，王军的项目申请顺利了不少。为了避免给王军造成过大的压力，老领导一手把这些质疑压了下去，给王军创造了一个稳定的、受信任的创新环境。王军并不知道领导们的激烈讨论，也不知道老领导两次为他拍胸脯，才保证了他的项目能够进行下去。在得知老领导为他做的一切后，王军不禁热泪盈眶。面对王军的感激，老领导倒不是很在意，他告诉王军，正因为了解王军能将每一个项目做到风险最小化，看到了他在技术上追求完美的态度，他才敢为王军在其他人面前打包票。好在王军最后没有让他失望。

虽然家人、同事、领导和王军做的事情有所不同，但大家都在为着同一个目标而奋斗，朝着同一个方向而努力，他们对王军的支持一直都是王军坚强的后盾，这一路上是他们替王军遮风挡雨，开辟前行的路。

不盲目冒险的冒险家

"胆子大"是宝钢人对王军的印象之一，他总是能做出常人不敢做的决定。1996年，已经30岁的王军竟然还要读大学；2005

年，工人王军竟然也要挑战世界难题。这桩桩件件都是王军"爱冒险"的证据。尤其是当别人得知王军正在申请层流冷却技术项目时，"就凭王军一个技校出身的工人也敢挑战这么大一个项目？"这样的质疑声更是不少。大家都说王军是个不折不扣的"冒险家"，因为不管前路有多大的障碍，王军都会勇往直前。但让王军自己解释，他却说自己从来都不冒险，他不打无准备的"仗"。在正式立项前那3年的时间内，他进行了充分的准备工作，在这段时间里曾设计了10多份创新技术方案，从中选择最有把握的进行尝试。正因为王军做了充分的论证与准备，有足够的信心把风险降到最低，他才有自信面对众人的质疑。

"不敢冒险的人既无骡子又无马；过分冒险的人既丢骡子又丢马。"对于很多人而言，"不得"远比"失"划算，于是他们就故步自封，放弃挑战自我。但当人们鼓起勇气走出禁锢自己的四方天后，就能发现外面的世界远比想象中精彩得多。王军的创新之路也曾面临很多风险，也有意想不到的困难，但在他的坚持下，从1999年的"飞剪剪刀快速更换法"开始，他就一直都保持着创新零失误的纪录。

2008年，当王军拿着国家科学技术进步奖的荣誉证书回到上海后，想找王军合作开发项目的人一下子多了起来。王军喜欢创新，但不是所有项目他都去做。有一家企业找到了王军，希望共同合作研发液压系统核心备件高压柱塞泵技术。王军听了对方的请求后没有立即答应，而是说自己得先看看这个项目能不能开展。

液压系统一般是由动力元件、执行元件、控制元件、辅助元件和液压油五个部分组成的，高压柱塞泵则是高端液压装备的核心元件，部件虽小，但威力极大，被称作液压系统的"心脏"，在整个液压系统中起到至关重要的作用。液压系统是装备制造业的关键部件之一，军工、航天、农业机械等与机械设备有关的领域，几乎都离不开液压系统。由于高压柱塞泵在使用时会受到压力的冲击，容易造成柱塞的损坏，因此高压柱塞泵对制造技艺的要求很高。在这个时候，我们国家的高压柱塞泵的技术还远远落后于一些外国品牌，要想使用高性能的元件就得从国外购买，实现高压柱塞泵的性能优化也成了我国装备制造业的共同目标。这时的王军虽然已经申请了多项专利，有着较为丰富的技术改造经验，甚至在对世界难题的研究上也有了一定的心得，但王军也不敢打包票自己能够完全解决这项技术研究中的所有问题。

经过仔细研究，王军在心里有了判断，他找到对方企业的负责人说："这项技术有十方面的难题，目前我这边可以帮忙解决其中七个方面的问题。"

对方负责人有些不解："你还没开始研究呢，怎么就知道什么是能解决的，什么是解决不了的？"王军把这段时间以来自己为这项技术做的准备工作拿给对方看，并说"我们的研究项目前期一般都会有几年的准备期，当条件成熟后，才会全面展开。"

王军表示，用专业化的手段去克服、规避风险，使之在实际应用中成熟稳定，技术就能创造出巨大的价值。如果一项技术不成熟就全面推广，一旦造成巨大损失，以后就很难有机会去搞创新了。第一步走得不好就可能不会有第二步，这是在创新前必须要有的风险意识；此外，经济效益、安全因素也都要考虑。在项目正式开始前，王军和他的团队用了3年时间进行技术储备。当经过严格的评估证明项目具备充分的开展条件后，王军才开始了正式的研发。从2008年到2012年，王军用了4年时间在液压系统核心备件高压柱塞泵技术的研究中，找到了具备减摩和抗接触疲劳作用的新材料，实现了柱塞泵恒压特性的优化、柱塞泵主轴陶瓷密封技术、柱塞泵深腔圆弧面加工方法、柱塞泵多孔薄板件加工、柱塞泵滑靴修形防烧研技术、柱塞泵高承载精密轴承技术、柱塞泵配油盘减震降噪技术、柱塞泵抗污染液压阻尼技术和柱塞泵斜盘外圆弧精磨等技术的突破。

全方位现场调研，采用风险最低的措施，从最简单的事情做起，一步一个脚印，由浅入深、由点到面地盯着一项技术的某一个方面，慢慢地去挑战更大的难题，每克服一个难题，就实现一次飞跃和提升，这正是王军不断走向成功的"秘籍"。规避风险、实现利益最大化，做一个不盲目冒险的冒险家，更是王军对工匠精神的敬畏。

⊙ 王军在工作室

第五章　千锤百炼工匠心

扫码解锁

◎群英颂歌 ◎创新足迹
◎钢铁砺新 ◎奋斗底色

创新协会引领者

"一人进百步，不如百人进一步。"一个榜样是能用自己的言行影响别人的。当王军总结出一个又一个先进操作法、申请了一项又一项专利发明后，他依然想要通过自己微薄的力量去影响更多的人，带领更大的群体共同走在实现劳动价值的路上。

2000年，在创新方面崭露头角的王军，被热轧厂领导委以重任，让他作为主要牵头人之一，在热轧厂组织成立了"职工发明创造协会"。王军不仅喜欢自己思考，还特别愿意帮助别人，工作再忙，只要是有人有困难需要帮忙，他都会义不容辞地抽出时间去帮忙。没多久，厂领导就注意到了王军这颗熠熠生辉照耀他人的星，决定要把他这颗创新的"种子"播撒在职工中，带动更多的人走上创新之路。

说是带领大家一起创新，事实上宝钢从不缺创新人才，因为大家整天驻扎在生产线上，难免会遇到一些问题，只要有问题就要想办法去解决，这时候多思考并且将其总结下来，就很容易出现创新成果。对热轧厂的一些技术工人来说，他们动手能力强，又肯开动脑筋，因此在工作中对现场设备出现的问题进行小调整是易如反掌的，但如何把自己的发明创造以创新成果的方式落在白纸黑字上却成了一个大问题。热轧厂精轧操作师幸利军就有过这样的经历。

2002年，由幸利军首创的一项操作技术在操作现场使用情况较好，他想着要是自己也能申请个专利就好了。可专利要怎么申请，却把这个技术能手难住了，写申请书成了幸利军的最大烦恼。得知情况后的王军，主动向幸利军伸出了援手。他直接指导幸利军写出了一份清晰的专利计划书。为了提高专利申请成功的概率，他还跟幸利军反复讨论并修改了项目中的技术要点。在跟专利代理人介绍具体情况时，王军还在一旁帮忙跟代理人据理力争。最终，这项技术成功申请到了专利，原本幸利军对专利申请的事是一窍不通，但在王军手把手的帮助下，他从王军这里学到了很多，幸利军的创新思路就此打开。

也许是因为曾经有人替自己打过伞，王军也希望自己能够为别人遮风挡雨。2003年，热轧厂为了进一步发挥王军在创新方面的引领作用，又将他从精整机械作业区调到主作业线设备管理室精卷机械作业区，希望他能够带动这里的员工开创创新工作新局面。在宝钢，最不缺的就是专利，有时候只是缺一个成功申请专利的机会。技术人员李林以前也有机会申请专利，原本他已经把工作中发现的问题总结成文，但因为平时工作很忙，他忙着忙着就错过了交资料的时间，申请专利的事也就这样不了了之了。但眼看着别人一项一项申请着专利，自己手里却什么都没有，李林心里难免有点儿沮丧。王军的来到让这个无计可施的年轻人成功地走上了创新之路。

搞设备的比较辛苦，一般16个小时一换班，有时候要连续工作20个小时，甚至有时候还会连续几天几夜都在现场工作。有一次夜里加班，一直到早上7点，王军和李林才拖着疲惫的身体去洗澡吃饭。

一天下班的时候，李林有些心不在焉。换作其他人，对李林

⊙ 王军在创新沙龙做专题报告

的不在状态可能会习以为常，认为他是长时间工作后太疲惫了。但王军心细，他知道李林来热轧厂已经好几年了，早已习惯了这种工作强度，这个状态多半是心里有事儿。王军平日里就对李林多有照顾，李林也愿意和他说说心里话。于是，李林一边走一边和王军说："王军大哥，我到厂里已经五年了，可是我对未来很迷茫，我觉得一点儿方向都没有。"

李林是重庆大学的毕业生，本身条件就不错，但重点大学毕业的他从不自傲，平时工作还很积极刻苦，王军很愿意给这样的年轻人指一条路。

王军用自己的经验开解着这个年轻人："一线工作确实很枯燥，但也是积累经验和进行实践的好机会，我们可以结对，你也可以加入我们的创新团队，这样对你的成长会有帮助。"

王军的指导让李林进步很快。2004年，在王军的关心和帮助下，李林负责的一个不粘钢材料科研项目成功申请了发明专利，李林也突破了发明专利零的纪录。就这样，一个年轻人在生产一线脱颖而出，成了创新团队的骨干。

王军不仅对自己的工作负责，还对作业区同事们尤为关注，谁手里有什么成果，总结到什么程度了，什么时候该跟专利代理人沟通，他都了如指掌。他总是"不厌其烦"地盯着当事人，催促着他们进行创新工作的下一步。

宝钢人才济济，难免会有人对年轻的王军"不服"。

"一个从辅助生产线过来的人有什么本事指导我们？才接触设备

几天啊，就敢在和设备打了几十年交道的老工人面前指手画脚。"
王军常常听到这样的声音。

一个周末，王军发现有位同事手中准备申报的专利技术里有
更好的点子。于是，他兴冲冲地打电话给这位同事，想约他出来
聊一聊细节。可没想到，这位同事在接到电话后，没好气地说：
"好不容易休息一天，你让我睡会儿行吗？"

面对同事的冷淡，王军一时间有些愣住，但他还是认为这件
事对这位同事申请专利有重要帮助。不过同事说得也没错，平日
里大家工作都很辛苦，想趁周末多睡会儿也是人之常情。

于是王军耐心地等到了下午，又给这位同事打了个电话，终
于把他约了出来。等见了面，王军把自己的想法说了出来，一开
始两人的想法还有些冲突，但王军准备充分，面对同事的不赞
同，他有理有据，一条一条地梳理自己的理由，成功说服了这位
同事，他答应重新修改自己的专利申报材料。类似的情况，王军
遇到过不少。一开始他也觉得委屈，自己好心帮忙怎么还落不着
好呢？

可他换位思考后，又觉得别人说的也有道理。

要得到别人的认可，就要自己多做实事。要是自己把事情做
到无可指摘的程度，还有谁会对你有意见呢？更何况自己的初衷
本来就是帮助别人搞创新，只要这个目的达到了，其他的事也就
不算什么了。

就像这位同事，刚开始不也对王军不屑一顾吗？但等到专利

申请成功后，他就完全消除对王军的成见，有了新点子还会主动跟王军探讨，要是遇见有人私下议论王军，他还要上前跟人据理力争呢。

如何用自己微薄的力量去影响更多人，让他们也走上学习创新和岗位成才的道路，一直是王军心之所系。在培养具有创新意识的技术型工人的道路上，这个由王军兼任会长的"职工发明创造协会"作了非常大的贡献，培育出了5名宝钢工人发明家，共申报国家专利超过800项，囊括国内外各类创新成果奖87项，创造直接经济效益超过13亿元。

20多年来，王军积极发挥自己在协会中的带头和引领作用，不仅用自己突出的成绩给一线员工树立了一个岗位成才的好典范，而且他用自己的热情和真诚，将创新的心得体会、知识技能毫无保留地传授给协会中的每一名成员，指导和帮助他人总结经验和成果，帮助协会成员提炼先进操作法、技术秘密和技术专利，帮助许多人走上了岗位创新的道路。

成立"王军创新室"

2008年，"王军创新室"成立。刚开始时，创新室由10名一线工人、5名技术工人组成，在王军的指导下培育出了3名"工人

⊙ 2008年10月，"王军创新室"授牌仪式

发明家"。通过吸纳优质创新人才，王军的团队越来越壮大，热轧厂的员工都以能成为"王军创新室"的成员为荣，但想要留在"王军创新室"也不是件容易的事，这里要求每人每年必须至少要有一项专利申请及一项技术秘密。

"王军创新室"除了针对群众性创新的工作有专门的落实责任人员和具体措施，做好对成员创新项目推进的全过程跟踪，最引人注意的还是王军制订的"育苗计划"。这一计划主要针对的就是想要搞创新但又不得其法的新人。王军提出对这类人群提供帮助，采用结对子的方式，进行一对一帮扶。2010年，王军收了一个叫林楠的徒弟，是个"80后"小伙子，上海人，家庭条件不错，大专毕业后进入宝钢热轧厂工作，但工作了两年还只是初级工。王军觉得他很聪明，但缺少吃苦耐劳的精神，脑子里有点子但懒得去实现。当时正好宝钢搞师徒结对，王军主动要求跟他结对，逼他学习，"激"他说："跟你一起进来的，有的都是高级工了，怎么你还在原地踏步？"在王军的"逼迫"下，林楠有好几次眼泪都出来了，但还是很快考取了中级工、高级工，直到后来考上技师。

林楠很佩服自己的师傅，因为师傅的眼里永远不揉沙子，在王军这里，创新就没有"差不多""将就"可言，要做就要做到最好，他不仅以高标准约束自己，也用高要求对待所有人，所以林楠有时候也觉得师傅挺"难搞"的。

一次，王军让林楠写专利申请，他写完后交给王军，被挑出了大大小小一堆问题，王军让他拿回去重写。就这样，林楠来来回回改了五六遍，王军还是不满意。这下林楠的脾气上来了，"师傅，这专利我不写了，也不报了。""不行，必须写，写到我满意为止。"经过王军的反复"折磨"，林楠的第一个专利终于申报成功了。林楠说自己一开始对创新并不理解，但自从2010年结对子以来，每年都会被布置两个专利作业，自己也就从"门外汉"，渐渐地走上了正轨。

"王军创新室"以"出成果、出效益、出人才"为工作目标；以"立足岗位为基、自主创新为本、带头带动为责、奉献企业为荣"为工作原则；以"建成创新攻关工作点、构成创新培训工作线、形成创新指导工作面、结成创新交流工作网"为工作任务；以"敢为人先、勇于创新、无私奉献"为工作宗旨，引领群众性科技创新工作年年都上新台阶、年年都有新贡献。

王军以身为光，照耀更多想要在岗位上实现价值的前行者，他用自己的力量传递着创新的精神，散发着榜样的力量。

⊙ 王军（中）与徒弟在讨论创新技术方案

第六章　荣誉加身初心守

扫码解锁

◉群英颂歌 ◉创新足迹
◉钢铁砺新 ◉奋斗底色

学习、坚持与责任

谈起"工匠精神"，王军有着自己的理解，他认为每个岗位都是个人成长的舞台。对于部分人来说，岗位也许只是一个养家糊口的平台。但在王军眼中，岗位有更大的价值。他还认为要把岗位当作自己成长的舞台、创新的平台，通过自己的学习和创造优化岗位价值，只有这样才称得上是"工匠"。对于如何成为"工匠"，王军则认为：学习、坚持以及责任感和使命感是其中的重要因素。

"学习和坚持是我的人生目标。"正如对创新的追求，王军始终没有放弃过对学习的热爱。1985年高考失败后，他来到宝钢技校学习钳工知识。在这里，王军只用了三个月的时间便让挑剔的老师对他刮目相看；1987年，去武钢热轧厂参加岗前培训的第一个月，便熟练地掌握了剪刃装配岗位的理论与实践知识，带领全组同事在考试中取得优异成绩。正式成为宝钢员工的王军在走上岗位后更加意识到了理论知识对于实际工作的重要性，于是他报名宝钢职工大学夜校。为了掌握更多的理论知识，1996年，王军拿到了同济大学录取通知书，那一年，他刚好30岁。这个时候，与其说王军是为了圆大学梦，倒不如说他是在新的起点上重新扬帆起航了。20世纪八九十年代，下海经商的风刮到全国各地，王军身边不乏去做生意而发家致富的人，王军却在此时选择"回炉重造"。其他人看着王军一边上班，一边上课，甚至还要学英语，都很诧异，他们不理解一个捧上"金饭碗"的人为什么还这么拼。正在这时，王军又报名参加了一个钳工高级班，这下其他人更不懂了，"你已经是工艺技师了，怎么还要报班学啊？"面对质疑，王军只是笑了笑说："还不够，我要学的东西还有很多。"不断提升自己的能力一直是王军的人生信条。

那时候，王军最多需要同时在三个地方上课，要是碰上三个班同时开课，他就只能做出取舍，全上海地飞奔。为了更好地安排自己的学习时间，2000年，他贷款买了一辆小汽车，每天开着它往返于家、热轧厂、学校以及培训中心。三年的时间，王军的小汽车累计里程超过7万千米。

在钳工高级班学习时，王军遇到了一位前辈。钳工高级班的课程很难，要学十几门不同的课，最后108人中只有30个人能考取高级钳工，王军和这位前辈就在其中。钳工班毕业那天，这位前辈对王军说："虽然我拿到证了，但我也快退休了，你还年轻，要抓住机会好好干。"王军更加意识到了学习的重要性，一来即将退休的前辈还要来报班学习，自己有什么理由不努力；二来王军意识到虽然他对知识很渴求，但人的时间与精力是有限的，趁着自己还年轻，应该多学点儿东西。"知识为创新赋能"是王军

⊙ 王军（左二）与同事讨论项目方案

工作三十几年得出的经验，如果没有系统的知识，要想实现更有创造的跨越是很难的，理论则可以为实践提供更多的思路，指导实践的进行。正是因为王军不懈地学习，让他有了较为系统的知识储备，这些都是他成功的源泉。

奔流不息的河流是由一滴滴水汇集而成的，精美绝伦的绸缎是由一根根丝编织而成的，高大宏伟的建筑是由一块块砖垒成的。朝着光明未来前进的过程中难免遇到阻碍，是放弃还是克服阻碍继续向前，对许多人来说是个难题。每一项技术创新都是一个累积的过程，并非一蹴而就的，必须经过长期的调研，并具有研究的价值。研究的过程也不是一帆风顺的，"创新"是一条漫长的路，"创新"的进行离不开坚持。

王军能在创新这条路上满载而归便是得益于他的坚持，只要认定一件事可以做，他就要做到极致。王军历经10年时间攻克了层流冷却关键技术项目。在这10年间，他从未停止过对该项目的优化更新，在第一次的技改项目实现了层流冷却装置上喷和下喷的活塞式宽度调节后，王军始终觉得这项技术还不够完美。于是，在接下来的7年里，王军团队一直没有停止对层流冷却上喷装置做出新尝试，所以第二代实现了层流冷却装置上喷和下喷的柱塞式宽度调节；第三代实现了层流冷却装置上喷和下喷的柱塞式宽度调节的同时，通过泄压结构设计实现了泄压功能；第四代则在具备了层流冷却装置上喷和下喷的柱塞式宽度调节的同时，实现了自润滑免维护功能，每一次的更新都是对前一代的更新升级。历经10年，4代升级，王军这才判定这项技术到了基本成熟的程度。在谈起何为"成熟技术"时，王军的眼中闪烁着对创新的严谨郑重，他认为后期维护量的多少就是判定技术成熟与否的一个标准。"第一次尝试时，我是实现了预期的目标，但它的维护量是如今的20倍。这就是我为什么又花了7年时间，不断就这一技术持续改进。"

在王军的心里，创新"没有最好，只有更好"，人的一生中有多少个10年可以用来专注一件事？在项目推进的过程中，王军也曾遇到过阻碍。在该项技术的实验进程中，王军发现了一套比原来更好用的方案，急性子的他迫不及待地想将新方案投入实验中，但该项目是作为技术改造项目立项的，要想更新数据就必须要有验证。为了节省时间，王军向当时的协作单位提出进行额外验证的申请，他又找了一家合作单位，与原来的合作方同步实验。但令王军意想不到的是，此次实验在两边都遇到了问题。

第二家合作方使用的工艺卡片太过简单，导致材料的报废率增加，同时提升了实验的难度，好在王军及时发现了问题，将损失降到了最低。原来的合作方为了技术保密，始终不让王军参与实验。由于没有王军的把控，实验出现错误，导致材料全部报废。事故发生后，王军并没有考虑索赔的事。收到消息后，他只是立马提出自己要进场连续跟踪找出问题。王军在车间里走了一圈后发现，车间的生产进度远远不行，按照原本的计划时间已经来不及了，更何况现在一切都要重来。于是，他决定亲自驻场监督，这时，他发现工人对他视若无睹，照样下午四点半关灯下班。

王军可以忽略之前材料报废的失误，但他无法忍受因为厂方的生产进度过慢影响项目的推进，于是他直接向厂方提出了意见：如果不做，他就换人；如果要做，就要按照他的安排赶进度。和厂方协商下来，对方还是决定要继续和王军合作。为了保证效率的提升，王军依然打算留在现场亲自监督。但不巧的是，那段时间恰逢上海举办世博会，工厂周围的酒店都已满房，他没地方住了。为了能够把控实验过程的每个环节，王军只好在厂房里随便找个地方解决这段时间的睡觉问题，有时候他甚至要住在浴室里。合作方负责人知道情况后就来劝他说："您先回家住，这边我们一定会保证质量的。"但王军不放心，他不顾劝阻，坚持要留下。厂房车间里没有床，王军就拿出被子垫在身下。晚上睡不着时，他的脑子里全都是数据，一大早他还要去紧盯着实验。尽管条件艰苦，但王军依然要保证每个环节都亲力亲为，全程把控实验的进程。好在最后实验还是有惊无险地完成了。计划是完成了，王军却瘦了不少。

从开始着手研究层流冷却关键技术开始，王军便遭受到了许多质疑，但王军硬是顶着周围的压力坚持啃下了这块儿"硬骨头"。最终在他夜以继日的努力下，这项技术进入了组装期，一切都在朝着好的方向发展。但此时，王军的身体向他发出了警报，由于项目已经进入白热化阶段，王军连续两个月坚守在实验室里，高负荷的工作让他发起了高烧。项目组的人担心王军吃不消，便劝他先回家休养，等身体康复了再过来。但王军摇了摇头，说："我放不下心，整个生产线都在等着开工，万一出现了问题，影响了项目的进度得造成多大损失啊！更何况，就这样让我回去我也休息不好，不如就在这看着，有问题也好及时解决。"于是，接下来的日子，王军每天打完吊针后就立马赶回施工现场盯着，直到装车成功，才露出了笑容。项目的成功，让一直绷着根弦的王军如释重负，终于有了一丝喘息的空间。

　　工程结束后的一个月，参加单位体检的王军与同事来到湖边转一转，走着走着，他突然感到嘴里有一股腥味涌来，一张嘴，一颗白色的"石子"蹦了出来。王军把它放在手里定睛一看才知道，自己的牙居然掉了一颗。这可把王军吓了一跳，虽然自己不再年轻，但应该也没到掉牙的年纪吧。到医院一检查，医生告诉他，这是过度劳累导致植物神经平衡被打破后出现的症状，医生建议王军多休息。

　　几十年来风雨兼程，创新路上永不停歇，疾病或伤痛无法击退一个锐意向前的勇士。王军何尝不知道身体的劳损是不可逆的，但他停下一天，手中的项目就会停下。每当想到这里，王军就会觉得所有的痛苦都一扫而光，浑身充满了干劲儿。创新的路上总是遍布失败及各种意外，但只要坚持下去，收获总比痛苦多。

王军的坚持来源于他对岗位的激情，这份激情转换为责任感和使命感，推动着王军在这个位置上继续发光发热。为了带动员工的进步与发展，热轧厂经常组织学习座谈会。有一次，单位组织学习，邀请王军参加。按原本的计划，没有安排王军发言的环节，但参加会议的领导发现了坐在后排的王军。王军对工作的痴迷程度在热轧厂是远近闻名的，领导觉得这是个好机会，便特意点名让王军谈谈"什么是激情"。

突然被点到名的王军完全没有准备，一时竟有些紧张，但这位领导曾在热轧厂做过厂长，王军以前也经常拜访他，在这位领导身上受到过很多启发。于是，王军便放开胆子发言："我记得您还在热轧厂做厂长的时候，到我们设备室来说过一句话，我到今天还记得，那就是'什么叫脊梁，不长肉的就是脊梁'。这句话对我影响很大，这就是我所认为的激情，就是即使拿着最少的钱，干着最累的活儿，但是还充满着责任感和担当的精神，还干得不亦乐乎，充满热爱。"这就是王军所认为的激情。激情就体现在不管在哪里，都"勇于挑最重的担子，啃最硬的骨头"。

将学习作为搭建阶梯的砖，将坚持作为架构堡垒的钢筋，将责任和使命作为浇筑外墙的水泥，王军用这三者构建起了"工匠精神"，在岗位创新的道路上砥砺前行。

脚步不停琢匠心

当选劳模

"爱岗敬业、争创一流，艰苦奋斗、勇于创新，淡泊名利、甘于奉献"是劳模精神的内核，也是成为劳模的必备素质。"模范"一词在词典中被解释为"值得学习的、作为榜样的人；可以作为榜样的；值得学习的"。王军自1985年进入宝钢技校学习开始，便一直热爱岗位工作，在技术与知识的学习上都力求做到最优，再困难的工作也不能阻止他奋斗的脚步；他立足岗位创新技术，不求名利，把自己全心全意地奉献给了钢铁事业。王军的贡献及精神值得所有人学习。2006年，上海市人民政府下发了《上海市人民政府批转市总工会、市人事局关于评选2004—2006年度上海市劳动模范和劳模集体工作意见的通知》，王军被单位推荐上去。通过一层层的推荐与讨论，王军被成功评选为上海市2004—2006年度的劳动模范。

当选为上海市劳动模范之后，王军依然每天游走在生产线上，干着"缝缝补补"的活儿。宝钢有自己的荣誉评估体系化管理制度，设立了敬业奖、创新奖、金牛奖、银牛奖等。在推荐申报上海市

⊙ 王军参与上海城建职业学院劳模进校园活动

⊙ 王军在上海市浦东新区竹园小学为孩子们讲述劳动精神、工匠精神和劳模精神

和全国劳模荣誉时，单位要按照企业级劳模评审时的排序进行推荐。王军曾多次荣获奖项。"劳动模范"的称号不是王军获得的第一个荣誉，在此之前，他还荣获第九届上海市"十大杰出青年"提名奖、上海市第五届"十大工人发明家"称号、第七届"全国技术能手"称号、上海市政府第五届"发明创造专利奖"、上海市"五一劳动奖章"，并被评为"全国十大杰出青年岗位能手"等等。二十多年来，王军获得的奖励数不胜数，可"模范"一词却有着非同一般的重量感，代表着他成为"值得学习的榜样"，王军一下子就觉得自己身上又背负了一份责任与担当。被评为上海市劳动模范的王军对工作更加投入了，那时他手中的一项技术已经结项，并且再一次获得了奖项，但他没有停下自己的脚步，而是在钢铁技术的研究路上继续冲刺。他已经不满足于对现场设备的小打小闹，而是把目光放在了解决世界级难题上。

"劳模"的身份让王军的事迹被更多的人所知晓，刚拿到劳模证书的王军就收到了其他企业投来的橄榄枝，一家企业的董事长亲自找到王军说："只要你来我这儿，我就给你比宝钢更高的年薪，给你更高的股权激励，公司还出钱送你到德国进修两年，怎么样？"

王军听了之后当即表示，自己要是不接受的话就成了一个傻瓜。这位董事长听了之后很是高兴，正当他为自己给公司挖到了这么好个"金疙瘩"而喜不自胜时，王军接下来的话让他意识到自己只是白高兴一场。

　　"但我有一个条件。"王军说，正求贤若渴的董事长面对即将收入麾下的"爱将"的请求很是大气，便说随便什么要求，只要王军提，他就能答应。

　　"等我退休了再过来行不行？"不料，王军开出的条件竟是这个。这位董事长立马拒绝了王军的请求，并表示王军是在戏弄他。

　　但王军说自己是真的很心动，但现在自己的手里还有包括层流冷却技术在内的好几个项目，如果就这样离开，那么这些项目就没有了带头人。自己虽然不是什么大人物，但也知道不能为了一己私欲就抛下一切去追求个人的利益。虽然有这么好的机会摆在自己面前，但在王军心里，集体的利益远远高于个人的利益，如果需要有人做出牺牲，那王军希望这个人是他自己。

　　王军把自己所有的精力都倾注在了工作上，有人曾问王军："你是要把下辈子的工作都干了吗？"王军告诉他："我就想把这辈子的事做好。每个人来到世界上都是有使命的，我只要知道自己做的事是有价值的就够了。"也有人说王军："你又不是科学家，做这些有什么意义呢？干好本职工作就行了，专业的事就该留给专业的人去做。"

　　什么工作能比科学家的工作更有价值？总有人以工资的高低来评判一份工作创造价值的大小，认为工人不能实现人生价值。在王军的思想里，科学家的工作固然有价值，但工人的工作同样也有价值。做好岗位上的生产工作，是工人的本职，但只要工人勤奋学习、主动创新，也能像科学家那样发明创造。

王军觉得自己虽然只是一个平凡的工人，但也可以像科学家一样去工作、去奋斗、去做工匠精神的坚守者，在平凡的岗位上也能开出耀眼的花。这不仅是个人价值的体现，更是企业梦想的体现，宝钢的企业梦想是成为全球最具竞争力的钢铁企业。在实现这个梦想的路途中，我们中国工人要留下足迹。

除此之外，王军还带着更多的人一起走上了"大众创业、万众创新"的道路。2008年成立的"王军创新室"为宝钢培养了多个创新人才，带来了巨大的经济效益，王军以身为范带动更多的人在普通岗位上实现人生价值。由他带领的创新小组在两年内也荣获了多个先进集体的称号。百尺竿头，更进一步，用自己的力量影响了一大批有志工人的王军，于2010年被评选为全国劳动模范。身上的责任感与使命感越发沉重，但王军的步伐没有因此变得缓慢，他继续全身心地投入一个又一个世界级行业难题中去。

中华技能大奖

穿着满是油污的工作服，每日做着枯燥重复的体力劳动，拿着不高的薪资，干着脏活累活……这仿佛是大多数人对工人这份职业的最初印象，这与当代年轻人的职业理想大相径庭，"体面"成为求职者对工作的要求之一。但王军始终认为，任何一个岗位都能绽放美丽的花，站在流水线上也能做创新的主人。因为思考，他的第一项专利"纵剪机架用隔圈"在岗位上应运而生；因为出色被调至新岗位上大放异彩，高强度、全密封精整矫直机支承辊技术随之而来；因为不满足，高成材率节能环保热轧层流冷却成套装备技术先后获得了第111届巴黎国际发明展列宾竞赛金奖和第七届国际发明展览会金奖。

王军没有把工作当作养家糊口的金饭碗，而是把它当作实现人生价值的通道，热爱、专注、极致造就了普通岗位工人不普通的一生。2016年，王军获得了第十三届"中华技能大奖"，这意味着王军已不再是一名普通工人。"中华技能大奖"于1995年由国家劳动和社会保障部[1]设立，每年（从1999年以后改为两年一次）在全国范围内评选10名"大奖"获得者和100名"能手"，是国家对全国优秀技能人才表彰制度的具体体现，获得"中华技能大奖"的人才被誉为"工人院士"。这是国家对高技能人才的最高奖励，是我国政府对技术工人的技术、技能水平的最高奖励，获奖人员是经过国家和省（行业）两级评审出来的本行业、本工种最高技术水平的突出代表。

2016年12月8日，第十三届高技能人才表彰大会在北京举行，现场掌声如雷、气氛热烈，金灿灿的奖杯沉甸甸地压在王军的心上，他更加坚定了自己要始终坚守在创新岗位上的决心，要为中国钢铁事业奋斗不止。在王军完成一个又一个创新项目后，荣誉接踵而至。2016年，上海市总工会推出要用10年时间培养选树1000名"上海工匠"的计划，力图打造一支与加快上海建设科技创新中心要求相适应的高技能人才队伍，并且首次开通了职工自

---

[1]　2008年改为人力资源和社会保障部。

荐通道。消息刚一发布，身边的人都劝王军赶紧报名。一开始王军还在犹豫自己要不要去参加这个活动，"工匠"一词在他心中的地位一直是颇具分量的。当看到这次选树活动的要求是面向基层、面向一线、面向普通劳动者时，王军便想着自己干脆也去试试，巧的是单位早已决定推选王军参加评选了。经过层层选拔，这位扎根一线车间现场，在岗位上奋斗多年的"普通"工人成功被评选为上海市首届"上海工匠"。

在表彰大会上，王军认识了许多同他一样来自一线的"平民偶像"，他们与自己一样在平凡的岗位上奉献着自我，共同为祖国的美好发展助力。王军知道，自己在这条路上，从不孤单。

走进人民大会堂

"顶部的中心挂着红宝石般的五星灯，灯的周围是70条瑰丽的光芒线和40瓣镏金的向日葵花瓣，象征着全国各族人民万众一心，紧密团结在中国共产党的周围。在它的外围，有三环层次分明的水波形暗灯槽，同周围装贴的淡青色塑料板相映，形成'水天一色'的奇观。"

许多人对人民大会堂的第一印象，应该都来自《雄伟的人民大会堂》中的描述，王军也不例外。从小他就有一个走进人民大会堂的梦想，他想亲眼瞧瞧这座建筑是否如书中介绍的那样巍峨。

王军永远不会忘记这一天：2008年1月8日。

这一天，北京气温零下3摄氏度，寒气笼罩着整个西城区，路上的行人正努力抵抗着寒风的侵袭，与屋外的冷峭相反，此时位

⊙ 2016年，王军在"上海工匠"培养选树千人计划推进会留念

于天安门西侧的人民大会堂内却温暖如春。

上午10时，人民大会堂大礼堂里灯火璀璨，气氛庄重而热烈。所有参加2007年度国家科学技术进步奖颁奖典礼的人员都已就位，大会即将开始。

在台下等候的王军紧紧攥住自己的双手，极力抑制心里即将漫出来的紧张与激动，这位42岁的宝钢分公司热轧厂首席操作师即将带着他在无数个日日夜夜努力奋斗的成果——高强度全密封精整矫直机支承辊技术走进人民大会堂，走上国家科学技术最高领奖台。

此时，伴随着雄壮的国歌声，主持人宣布颁奖典礼正式开始。一个个为中国科学事业作出贡献的名字响彻人民大会堂，全国人民通过电视直播见证着他们的荣耀时刻。

此时，王军的妻子、女儿坐在沙发上，目不转睛地看着转播画面的每一个角落，不放过每一帧。

直到那穿透了整个大会堂的雄浑男声再次响起：

"获得国家科学技术进步奖二等奖的是……"

电视机前的母女俩屏住呼吸。

坐在人民大会堂席位上的王军紧绷身体，蓄势待发。

"宝山钢铁股份有限公司——王军！"

随着话音落下，王军昂首挺胸，迎着所有人注视的目光，一步步走上了领奖台。在与领导人握手后，他郑重地接过领导人手中的荣誉证书。

　　国家科学技术进步奖，是国务院设立的国家科学技术奖五大奖项之一，这是每一个科研人都梦寐以求的荣誉。王军站在领奖台上，脑海中不禁回顾当初为了完成这项技术在实验室里的日子。

　　一开始是因为在操作中的剪切线矫直机支承辊的密封性不够好，每次更换支承辊或添加油脂都会形成油污板，导致产品被降级处理，造成很大的经济损失，如何避免支承辊带来的材料损耗，成了钢铁行业亟待解决的难题。

　　从2001年开始，王军接手支承辊升级的项目，淡橙色的旭日越过静谧的深蓝，从地平线升起，将陷入沉睡的夜空也染上了颜色，这是王军在宝钢的工作间里最熟悉的美景。

　　王军在无数个凌晨迸发的一次次灵感，让他能够根据不同线板装置的不同需求，"因需制宜"地在中板及厚板线上成功开发矫直机支承辊系列技术，而这项仅花费100万元的项目，在2014年就产生了高达5300余万元的经济效益。

　　自己能够攻克这项技术吗？

　　王军不清楚，他只知道这件事他必须去做。无数次坐在办公室的桌案前摸着酸胀的后颈，王军不知道前路如何，他心中只有一个信念：去做吧。

　　只要成功了就能为公司带来巨大的效益，也能为国家钢铁行业的进步添砖加瓦。值得高兴的是，他终于做出来了。成功后，王军自然高兴，但那时他不觉得有什么，认为是自己歪打正着运气不错。

2007年，热轧厂单位领导让王军报名去参加国家科学技术进步奖的评审，王军连忙摆摆手说："这么高规格的评奖我怎么能去，我只是一个工人。"但领导下达的指令是必须去。评审现场，王军把自己的科研成果介绍给几十位评委和专家后，有院士向他提出了非常深入的问题。他心里一惊，还以为是院士不满意他的研究结果，对他的实验产生了质疑，但他对自己的成果很熟悉且有自信，于是他冷静下来，根据自己的研究和体会把每一个环节产生的数据以及理论依据一一道来。没想到院士当场拍案叫绝，王军这样的"工人"也走进了大家的视线里。

在项目进行的三年时间里，质疑的声音对王军来说并不陌生，但他从未质疑过自己。每一次实验的尝试，在王军看来都是走向成功的基石。终于，他站上了国家技术奖的领奖台，失败、质疑与王军的努力，都在此刻凝聚成了他手中这份滚烫的证书，以另一种形式证明了——工人也能成为科学家！事实上，王军也没想过自己能够获奖，当时全国获奖的工人只有四位，宝钢的工人发明家韩明明已经获得了国家科技进步奖二等奖，王军对自己获奖的事也就不抱希望了，谁敢想宝钢的工人能占两个名额呢？当王军站在这个代表着国家科学技术最高级别的领奖台上，看着台下为自己鼓掌的观众，看着人民大会堂中央的五星红旗，他的心中出现了两个字：信仰。

"中国人不能没有信仰，这或许是我们和其他国家的区别。小的时候上学升旗，看见五星红旗我常常会热泪盈眶。"此前，王军并没有意识到自己对设备的小改动竟然也能产生如此大的影响，但此刻，站在领奖台上的王军更加深刻地感觉到，自己是被国家需要的，他要为祖国奉献出自己的全部。

表彰大会结束，王军有机会和领导人开展一场对话。他们谈了当下我国钢铁事业的发展、如今工人的待遇、对今后钢铁行业环境的展望，面对领导人的一声声关心及问候，王军真正感受到自己是站在巨人的肩膀上工作，感受到了身为钢铁人身上肩负的重任。

在所有人还在质疑工人是否能担当得起"科学家"这一称号时，王军又陆陆续续获得了上海市十大工人发明家、第111届巴黎国际发明展列宾竞赛金奖和第七届、第八届国际发明展金奖，上海市首届"上海工匠"、全国劳动模范和第十三届中华技能大奖等荣誉，一直到2017年，王军凭借"热轧带钢柱塞式层流冷却系统研发及应用"项目再一次荣

⊙ 2014年，王军获第八届国际发明展览会金奖

⊙ 2019年，王军（中）在科技节展示创新成果

获国家科学技术进步奖二等奖，他又一次来到了人民大会堂，站在领奖台上捧起属于他的荣耀。

像科学家一样做工人

平凡的岗位不平凡的人。拿着手电筒穿梭在生产线上，检查每一台设备的状态，这是王军20多年以来几乎每天都要做的一件事。对许多人来说，这些机器都是冷冰冰的，但在王军眼中，它们有血有肉，是会"生病"的孩子。

只有对设备极其熟悉才能第一时间发现它们的问题，并能够现场解决问题。正如同事幸利军对王军的评价："他手上有绝活儿，现场问题可以处理。"王军在项目进行的过程中不断学习，使掌握的知识逐渐接近科学家的水平，他就是"蓝领中的科学家"。王军依靠在现场摸爬滚打的经验，加上理论与实践的结合，立足岗位创新，挑战行业技术难题，突破岗位的局限，通过自己不懈的努力，去追求人生的价值和高度，走出了一条不平凡的成才和创新之路。从业30多年的时间里，他两次获得国家科学技术进步奖，专利授权270项、国内外发明奖50余项，其中32项是金奖；他攻克了钢铁行业的三大世界级难题，他给中国钢铁换上了"中国心脏"！

他像一个科学家一样，从未停止过创新的脚步。

但成为科学家是他从小的梦想吗？所有人都没有想过会得到否定的答案。

王军说："我小时候的梦想是开一家农场。"

科学家从来不是他最初的梦想。

在此之前，所有人都没想过，一个技校毕业的工人能在9年的时间里两次获得国家级奖项，和一众顶尖科研人员站在同一领奖台上，这是多么不可思议的一件事儿啊！

因为在王军心里，工人和科学家并没有明确的界限。

王军身着蓝色工服，坐在摄像机前，他的身后摆放着一座又一座奖杯，屋内窗明几净，阳光透过玻璃映射在王军的身上，此时他的身后散发着温和却闪耀的光芒，他说道："一线的车间工人甚至比科学家更适合搞研究。"

王军相信年轻人只要有劳动和创造的激情，每个人都能找到自己成长的舞台。他鼓励年轻人用知识和技能武装自己，他希望用自己的真实经历影响更多人。他积极开展创新入门培训、创新大篷车、创新指导活动日和创新结对等活动，创办了创新工作室、发明创造协会、创新小组、全厂群众合理化建议和自主管理的群众性创新工作机制和平台，自上而下、由点及面地带领职工成才。有着出色的创新能力、卓越的专业技术以及广泛影响力的工人发明家——王军，从2009年起被聘为宝钢人才开发院兼职教授，主要承担技师、高级技师、银蓝领、金蓝领和创新骨干的相关培训任务。

为了取得更好的教学效果，王军摸索出了自己的教学方法，编写培训教材近15万字，每一年参与技师、创新骨干、宝钢青苹果和宝钢OT培训班等培训40多次。此外，王军还担任9家创新工作室导师，一个又一个创新工作室在他的带领下成长为宝钢骨干创新工作室，他被授予宝钢创新基地创新活动优秀指导志愿者、优秀兼职教授等荣誉。在紧张的工作之余，王军也会受邀到各个高校，为高校学子开展创新知识类、劳模精神宣讲类讲座。从2005年至今，据不完全统计，王军作为讲师参与创新、技能培训的次数超600次，听课人数超100万人（含线上），王军是一名当之无愧的知识型"工人教授"。

王军的座右铭是"像科学家一样做工人"，而他的梦想则是让"中国制造"走向"中国创造"，他做到了。他现在最大的心愿就是要让许许多多像他一样的一线工人也走上这条"中国创造"之路。"一人进百步，不如百人进一步"，他希望精益求精、追求卓越的工匠精神能够在更多人的心里扎根。

王军这颗成长于宝钢热轧厂的创新种子，逐渐成长为一棵大树，不仅在他的枝干上结出累累硕果，他还将"育苗"作为自己的使命，致力于影响越来越多的青年及工人，走上岗位成才、技能立身、技能报国之路。2017年，当王军得知自己当选2021年第46届世界技能大赛[1]形象大使时非常高兴，他说："我希望能用自己的亲身经历，激励更多年轻人突破岗位的局限，在技能岗位上不断学习、发明、创新。"一层又一层的身份，一圈又一圈的光环，改变的是外在的环境，不变的是王军为国家、为社会、为

---

[1]　最高层级的世界性职业技能赛事，由世界技能组织举办，每两年举办一次，被誉为"世界技能奥林匹克"，是世界技能组织成员展示和交流职业技能的重要平台。

工人创造更加美好未来的心。肩上扛起的责任越多，王军想要做的就更多。

2021 年 6 月 30 日，王军来到了北京市朝阳区，走进了坐落于北辰东路与大屯北路交会处的中国共产党历史展览馆，彼时的他，心潮澎湃。这天一早，王军早早地便做好了准备，跟着大部队一起走进了这座承载着党的百年历史，彰显着新时代恢宏气势的党史馆。党史馆按照中国人民站起来、富起来、强起来的历史脉络分为四个部分。当王军从这些记载着中国人民的痛苦与奋斗的记忆前走过，脑海中涌现出了百年来的一幕幕场景，目光所及，皆是不易。参观结束后，王军的灵魂仿佛还留在馆内，虽然党的历史早已铭刻于心，但当他看完那一个个重要的历史时刻后，还需要大把时间来消化它们留下的"后劲儿"。

2021 年 7 月 1 日，庆祝中国共产党成立 100 周年大会在北京天安门广场隆重举行，作为获得全国五一劳动奖章、全国劳动模范、中华技能大奖的高技能人才，王军也受邀出席这场别开生面的庆祝大会。在庆祝大会开始前，王军和 7 万名各界代表一起来到天安门广场。他们目光庄重，神情严肃却又喜悦，等待着庆祝大会的开始。当孩子们用纯真的声音唱起"唱支山歌给党听……"时，王军忍不住合着拍子一起哼唱起来，此时的他仿佛从歌声中看到了往昔多少先烈前辈，在艰苦的环境下，为建立新中国而奋斗牺牲的历史画面。王军凝视着现场的一切，心中百感交集，他回想起自己从业 30 多年来走过的路。几十年来，他就像一张紧绷着的

⊙ 2021年6月30日，王军参观中国共产党历史展览馆

弓弦，兢兢业业地工作。如今，王军不觉得自己创造出了多大的价值，他只知道，他对得起自己，他更希望自己能对得起国家。

当天参加完庆祝中国共产党成立 100 周年大会后，王军意识到了光靠组织培训或者讲座带动更多的工人和青少年还远远不够，他想要做得更多，新的身份又赋予了他更大的影响力。

2022年1月21日，在上海市政协十三届五次"加快建设高水平人才高地，激发更加澎湃的创新创业活力"专题会议上，作为上海市政协委员的王军发挥了一位在一线摸爬滚打三十几年的一线工人的作用。他在会议中建议：应建立员工与企业共同成长的企业文化理念，促进职工素质工程和全员性的创新活动持续开展，让工人将持续创新作为人生目标，在平凡的岗位上也要像科学家那样去工作。为了鼓励更多工人走上创新之路，王军结合自己多年一线工作的经历，将目光放得更加长远，并提出：要完善顶层设计制度，优化政策服务，打破高技能人才的天花板，拓宽发展通道，引导企业着力打造全生命周期的精准人才成长成才的优质环境，让高技能人才享受发展的红利，加快队伍建设，让更多的技能人才脱颖而出，为中国创造源源不断地提供技能人才。同时，提高工人的待遇水平、社会地位，加大宣传和传承劳模精神、工匠精神、劳动精神，引导更多的人成为高技能技术人才。

1984年2月15日，邓小平同志在宝钢视察时题词："掌握新技术，要善于学习，更要善于创新。"此后，这句话成为每一个宝

⊙ 2021年7月1日，王军出席庆祝中国共产党成立100周年大会

⊙ 2022年1月21日，王军在上海市政协专题会议上发言

钢人奋斗的精神基石，王军更是将这句话刻在了灵魂深处。从选择进入宝钢的那一刻起，王军的命运就被改写，读大学也许会给当时的王军带来不一样的生活，但命运就是这样仁慈，你所做的每一个选择，只要肯在这条路上洒下汗水，就会在前路开出更美丽的花朵。

三十七年，日月不居，流年似水。王军从一名技校毕业生到同济大学本科毕业生；从一名普通工人到从钢铁车间走出来的科学家。曾经那意气风发的少年郎，如今两鬓已有白发，但他依然坚守岗位、砥砺前行。脸上的沟壑、头上的银丝见证了王军在岗位上几十年来的傲人功绩。

一代人有一代人的使命，一代人有一代人的信仰。在海丰农场的小王军从当年带领一批批知识青年上山下乡的自己父亲身上学到了每一个人来到这个世界都有要完成的任务，而前人的努力就是在为后人的幸福铺路。他认为自己就是站在前人的肩膀上才有机会践行自己的使命，同样地，要看他们这一代人做得好不好，还要看下一代人发展得如何。王军也有自己的信仰，"钢铁报国"是他刻在胸口最热烈的宣言，于是他奋进、创新，将为中国钢铁行业的崛起而奋斗作为毕生的使命。

钢铁车间里检查设备的王军、办公室里推敲实验数据的王军、领奖台上荣誉加身的王军，一个个身影汇聚成了为国家、为人民、为钢铁事业奋斗不止的"大国工匠"的模样。王军的风华将刻印在史书里，中国钢铁的进步史上也将留下他的足迹。"路曼曼其修远兮，吾将上下而求索。"头顶越来越多的光环，身披越来越重的荣誉，此时的王军没有自我陶醉，也没有为压力所累，在创新的道路上，他依然满怀激情，脚步铿锵。王军从烈火中淬炼而成，那一抹蓝色是车间里最亮眼的颜色，站在新的人生起点，他将扬鞭奋蹄，执着前行！

⊙ 王军工作照